Diversidade étnica, conflitos regionais e direitos humanos

FUNDAÇÃO EDITORA DA UNESP

Presidente do Conselho Curador
Mário Sérgio Vasconcelos

Diretor-Presidente
José Castilho Marques Neto

Editor-Executivo
Jézio Hernani Bomfim Gutierre

Assessor Editorial
João Luís Ceccantini

Conselho Editorial Acadêmico
Alberto Tsuyoshi Ikeda
Áureo Busetto
Célia Aparecida Ferreira Tolentino
Eda Maria Góes
Elisabete Maniglia
Elisabeth Criscuolo Urbinati
Ildeberto Muniz de Almeida
Maria de Lourdes Ortiz Gandini Baldan
Nilson Ghirardello
Vicente Pleitez

Editores-Assistentes
Anderson Nobara
Fabiana Mioto
Jorge Pereira Filho

COORDENAÇÃO DA COLEÇÃO PARADIDÁTICOS

João Luís Ceccantini
Raquel Lazzari Leite Barbosa
Ernesta Zamboni
Raul Borges Guimarães
Marco Aurélio Nogueira (Série Poder)

TULLO VIGEVANI
MARCELO FERNANDES DE OLIVEIRA
THIAGO LIMA

Diversidade étnica, conflitos regionais e direitos humanos

COLEÇÃO PARADIDÁTICOS
SÉRIE PODER

© 2004 Editora UNESP

Direitos de publicação reservados à:
Fundação Editora da UNESP (FEU)
Praça da Sé, 108
01001-900 – São Paulo – SP
Tel.: (0xx11) 3242-7171
Fax: (0xx11) 3242-7172
www.editoraunesp.com.br
www.livrariaunesp.com.br
feu@editora.unesp.br

CIP – Brasil. Catalogação na fonte
Sindicato Nacional dos Editores de Livros, RJ

V73d

Vigevani, Tullo, 1942-
    Diversidade étnica, conflitos regionais e direitos humanos/Tullo Vigevani, Marcelo Fernandes de Oliveira, Thiago Lima. – São Paulo: Editora UNESP, 2008.
    il. – (Paradidáticos. Série Poder)

    Inclui bibliografia
    ISBN 978-85-7139-841-2

    1. Etnicismo. 2. Estado Nacional. 3. Estado. 4. Direitos humanos. 5. Conflitos étnicos. 6. Multiculturalismo. I. Oliveira, Marcelo Fernandes de. II. Lima, Thiago. III. Título. IV. Série.

08-2965.
CDD: 305.8
CDU: 316.356.4

EDITORA AFILIADA:

A COLEÇÃO PARADIDÁTICOS UNESP

A Coleção Paradidáticos foi delineada pela Editora UNESP com o objetivo de tornar acessíveis a um amplo público obras sobre *ciência* e *cultura*, produzidas por destacados pesquisadores do meio acadêmico brasileiro.

Os autores da Coleção aceitaram o desafio de tratar de conceitos e questões de grande complexidade presentes no debate científico e cultural de nosso tempo, valendo-se de abordagens rigorosas dos temas focalizados e, ao mesmo tempo, sempre buscando uma linguagem objetiva e despretensiosa.

Na parte final de cada volume, o leitor tem à sua disposição um *Glossário*, um conjunto de *Sugestões de leitura* e algumas *Questões para reflexão e debate*.

O *Glossário* não ambiciona a exaustividade nem pretende substituir o caminho pessoal que todo leitor arguto e criativo percorre, ao dirigir-se a dicionários, enciclopédias, *sites* da Internet e tantas outras fontes, no intuito de expandir os sentidos da leitura que se propõe. O tópico, na realidade, procura explicitar com maior detalhe aqueles conceitos, acepções e dados contextuais valorizados pelos próprios autores de cada obra.

As *Sugestões de leitura* apresentam-se como um complemento das notas bibliográficas disseminadas ao longo do texto, correspondendo a um convite, por parte dos autores, para que o leitor aprofunde cada vez mais seus conhecimentos sobre os temas tratados, segundo uma perspectiva seletiva do que há de mais relevante sobre um dado assunto.

As *Questões para reflexão e debate* pretendem provocar intelectualmente o leitor e auxiliá-lo no processo de avaliação da leitura realizada, na sistematização das informações absorvidas e na ampliação de seus horizontes. Isso, tanto para o contexto de leitura individual quanto para as situações de socialização da leitura, como aquelas realizadas no ambiente escolar.

A Coleção pretende, assim, criar condições propícias para a iniciação dos leitores em temas científicos e culturais significativos e para que tenham acesso irrestrito a conhecimentos socialmente relevantes e pertinentes, capazes de motivar as novas gerações para a pesquisa.

SUMÁRIO

CAPÍTULO 1
Etnia, nação e Estado 9

CAPÍTULO 2
Direitos humanos 24

CAPÍTULO 3
Conflitos étnicos e direitos humanos 61

CAPÍTULO 4
Conflitos étnicos 102

GLOSSÁRIO 153
SUGESTÕES DE LEITURA 156
QUESTÕES PARA REFLEXÃO E DEBATE 162

1 Etnia, nação e Estado

Neste capítulo discutiremos a relação entre etnia, nação e Estado, buscando compreender como a interação entre esses elementos produziu a necessidade de solidariedade, de tolerância e finalmente de direitos humanos.

O desenvolvimento das ideias de nação e Estado foi elemento marcante na constituição do mundo moderno e contemporâneo. Consolidaram-se sob sua égide valores e normas que hoje parecem possuir alcance praticamente universal. Ao mesmo tempo, não podemos esquecer que foram os Estados que em numerosas ocasiões violaram direitos humanos. Como veremos adiante, porém, uma forma adequada de Estado é necessária para a proteção desses mesmos direitos. É verdade que ao longo do tempo normas e valores resultantes da nação e do Estado foram utilizados sob diversos enfoques e com variados propósitos, muitas vezes de modo contraditório. Na perspectiva em que discutiremos a relação de diversidade étnica, conflitos regionais e direitos humanos, veremos que a vida em sociedade desenvolve valores e instrumentos de proteção de direitos: o Estado é a estrutura necessária para sua consolidação.

Nosso intuito não é mostrar detalhadamente como se deu o desenvolvimento do Estado e do sentimento nacional ao longo de mais de cinco séculos, desde o Renascimento europeu. Procuraremos mostrar como alguns elementos constitutivos do Estado e da nação originários, ou, pelo menos, mais expressivos em certos Estados do Ocidente, contribuíram para a configuração atual dos direitos humanos como um todo e para temas relacionados à diversidade étnica. O que afirmamos é que o tratamento internacional contemporâneo dessas questões como entendido por uma parte de governos, organizações internacionais e parcela da opinião pública tem origem naqueles elementos constitutivos. Em nossa perspectiva, deve ser dito que outras culturas, povos, nações e Estados com enfoques diferentes também têm sua própria concepção do que sejam direitos humanos, tendo contribuído para a consolidação do debate que hoje se estende por toda parte.

A emergência da ideia de nação, como prevalece atualmente, em alguma medida é paralela à fase de formação do Estado. Este nasce na Europa Ocidental e Central, com o Renascimento, e se afirma, em geral, pelo reconhecimento jurídico de poderes soberanos nas mãos de um monarca ou de uma assembleia. Partindo desses fenômenos, alguns conceitos, como solidariedade, tolerância, monopólio legítimo da força, legitimidade e soberania, se desenvolvem e são disseminados, muitas vezes impostos pela expansão dos valores liberais do Ocidente. De fato, esses conceitos eram aplicados parcialmente para os grupos considerados partes ou continuidade do próprio Ocidente. Para os bárbaros, infiéis ou apenas para as populações consideradas inferiores os valores não eram empregados.

O desenvolvimento da ideia de nação não foi uniforme. Pelo contrário, esteve sempre associado a condições específicas. Na Inglaterra e na França, por exemplo, o conceito de nação surge associado ao de contrato ou pacto social, sendo que no pensamento inglês do século XVII e XVIII e no iluminismo francês subentende-se uma comunidade em condições de transcender todas as divisões e todos os antagonismos internos, o que contribui para a criação de fortes sentimentos de solidariedade. Essa ideia fica clara ao observarmos a formulação de Locke:

> embora os homens quando entram em sociedade abandonem a igualdade, a liberdade e o poder executivo que tinham no estado de natureza, nas mãos da sociedade, para que disponha deles por meio do poder legislativo conforme o exigir o bem dela mesma, entretanto, fazendo-o cada um apenas com a intenção de melhor preservar a si próprio, à sua liberdade e propriedade..., o poder da sociedade ou o legislativo por ela constituído não se pode nunca supor se estenda além do que o bem comum, mas fica na obrigação de assegurar a propriedade de cada um, provendo contra os três inconvenientes acima assinalados, que tornam o estado de natureza tão inseguro e arriscado. E assim sendo, quem tiver o poder legislativo ou o poder supremo de qualquer comunidade obriga-se a governá-la mediante leis estabelecidas, promulgadas e conhecidas do povo, e não por meio de decretos extemporâneos; por juízes indiferentes e corretos, que terão de resolver as controvérsias conforme essas leis; e a empregar a força da comunidade no seu território somente na execução de tais leis, e fora dele para prevenir ou remediar malefícios estrangeiros e garantir a sociedade contra incursões ou invasões. E tudo isso tendo em vista nenhum outro objetivo senão a paz, a segurança e o bem público do povo. (1978, p.54)

Portanto, o contrato ou pacto social é o arranjo político que estabelece as condições nas quais os homens passam a viver em sociedade, deixando de lado os perigos do estado de natureza, no qual não haveria lei que a todos obriga. Entre essas condições, prevaleceu a constituição de um aparelho estatal composto pelas esferas legislativa, executiva e judiciária. Esse arranjo possibilita o desenvolvimento da solidariedade entre as pessoas – refletida na nação – por meio de dois conjuntos de papéis essenciais a serem desempenhados pelo Estado: a) assegurar a paz, a segurança e o bem público para o próprio povo; b) prevenir, remediar e garantir a sociedade contra malefícios estrangeiros. Como veremos no Capítulo 2, os ideais liberais – o pensamento de Locke (1978) é um dos mais expressivos – serão uma das principais fontes de inspiração dos direitos humanos. Para este capítulo, basta-nos registrar sua ideia do contrato social, em que a nação e o Estado surgem de forma quase simultânea, transferindo-se valores da nação, como a solidariedade, para o Estado.

Na Europa encontramos diferenças para as ideias de nação e de Estado. Lembremos o caso alemão, em que o conceito de nação foi historicamente desenvolvido dissociado do princípio da união voluntária. Foi calcado na ideia de nação por herança. Ou seja, a nação surgiria como algo acima do contrato, teria origem explicitamente natural; a busca das origens nacionais estaria no passado, nos vínculos biológicos, pré-históricos, na própria mitologia.

Já nos Estados Unidos, país composto basicamente por imigrantes, o desenvolvimento da ideia de nação não é pensado como resultado de laços comunitários. A nação surge como o fruto da vontade das pessoas que a constituem, e não como o resultado de vínculos e afinidades estabelecidos ao longo dos séculos. Certamente as condições econômicas do início da colonização e as lutas contra a Inglaterra ajudaram a forjar a nação. Podemos atribuir papel especial ao ideal de igualdade, o qual acabou se tornando consciência coletiva da nação. Prevalece aqui a ideia de pacto. Neste caso, a noção de igualdade, típica de uma parte do iluminismo, ganhou novas dimensões, até mesmo no plano da ideologia e do sentimento nacional. Nos Estados Unidos a ideia de igualdade torna-se lastro da ideia de superioridade e de missão redentora.

O importante a notar, tanto no caso alemão quanto no norte-americano, é a solidariedade que se desenvolve sob a ideia de nação. O sentimento de solidariedade, ligação recíproca entre as pessoas, facilita a convivência de um povo. No caso norte-americano, diferentemente do que sugerem partes específicas da história alemã, ele existe mesmo com diferenças étnicas, linguísticas ou religiosas entre seus componentes, pois há um ponto no qual, em última instância, pode haver entendimento e identificação recíproca: a nação. Mesmo nos Estados Unidos, essa ideia de solidariedade valeu para os cidadãos, mas não para os não cidadãos. Já na segunda metade do século XX a abrangência do conceito de cidadania para todos foi se estendendo.

Na maioria dos casos, a diversidade étnica era comum aos Estados nascentes. Além da dispersão de grupos étnicos pela Europa, com frequência os Estados e as nações que se formavam eram maiores que a disposição geográfica dos grupos étnicos. Assim, a heterogeneidade era muito grande para que se pudesse reivindicar uma etnicidade comum dentro de um território. O fator de identidade fundamental passa a ser a nação e não a etnia. Hobsbawm (2002, p.79) afirma que, "na medida em que 'o povo' foi identificado com uma estrutura política particular, esta atravessa as mais claras divisões étnicas e linguísticas". Em outras palavras, a nação era, de certo modo, capaz de abranger a diversidade étnica.

As ideias liberais e o iluminismo, com a consolidação de valores e normas como soberania, nação e Estado, reforçam a ideia de solidariedade e o conceito de tolerância, que tinha raízes antigas. De início restrita a questões religiosas, ainda que válida apenas para as crenças cristãs, a tolerância, utilizada como conceito legal a partir do século XVI (Habermas, 2003), pode também ser considerada um dos embriões dos direitos humanos relacionados à diversidade étnica. Isso porque a religião muitas vezes é o elemento que molda as fronteiras de um grupo étnico. Com o passar do tempo, o entendimento da tolerância é expandido para outros campos da diversidade. Para Habermas (2003, p.5), a liberdade de expressão religiosa se tornou um modelo para introdução de outros direitos culturais. Como a livre expressão de crença religiosa, os direitos culturais servem à meta de garantir acesso igualitário de qualquer um, pelas suas próprias formas de comunicação, a tradições e práticas que as pessoas precisam para manter suas identidades pessoais. Para membros de minorias raciais, nacionais, linguísticas e étnicas, os meios e oportunidades para reproduzir sua própria linguagem ou modo de vida são geralmente tão importantes como a liberdade de associação, ensino doutrinário, rituais e cerimônias de minorias religiosas. Por essa razão, a luta por direitos iguais de várias comunidades religiosas fornece ideias tanto para a teoria política como para a jurisprudência para criar o conceito de uma "cidadania multicultural" expandida.

As revoluções burguesas marcam, além da legitimação do Estado de direito, uma primeira expansão do conceito de tolerância, que passaria a abranger a liberdade de expressão, de consciência e de ação, de acordo com as leis nacionais (Cardoso, 2003). É preciso notar, no entanto, que as Revoluções Francesa e norte-americana do século XVIII, símbolos da ascensão burguesa e do individualismo, ao proclamarem "os chamados valores universais, como os direitos fundamentais do homem, na realidade quase não levavam em conta a diversidade étnica e cultural de toda humanidade. Falava-se de um homem como se fosse o homem". E o modelo desse homem era o europeu, que tinha "capacidade de fazer bom uso da razão, cujos princípios foram estabelecidos por eles" (Cardoso, 2003, p.128). Como já dito, com o correr do tempo, durante os séculos XIX e XX, o conceito de tolerância expandiu-se para o campo da diversidade étnica e de seus desdobramentos.

No século XIX duas ideias que relacionam etnia, nação e Estado emergem: autodeterminação e raça. Elas irão crescentemente influenciar o tema dos direitos humanos.

A ideia de raça traz consigo a noção de superioridade *versus* inferioridade. Com ela se classificavam as pessoas.

DIVERSIDADE ÉTNICA, CONFLITOS REGIONAIS E DIREITOS HUMANOS

A tolerância perdeu espaço nesse período para a ideia de missão civilizadora do homem branco, ideia muito forte nas elites políticas e culturais da burguesia, que contou com adeptos também nos meios social-democratas (Bernstein, 1978). Traços físicos e características biológicas passam a ser adotados como discriminadores daqueles que são mais ou menos evoluídos, justificando a dominação. Foi o caso em Ruanda e Burundi, à época da colonização alemã e belga no século XIX. A maior semelhança física dos tútsis com os europeus – eram menos escuros e mais altos – foi uma das razões que contribuíram para as potências dominantes darem-lhes *status* privilegiado perante os hutus e twa. Este foi um dos motivos que originaram os conflitos étnicos nos dois países a partir da descolonização e o consequente genocídio de 1994. A intensificação da ideia de raça fornecia "um conjunto poderoso de razões 'científicas' para afastar ou mesmo, como aconteceu de fato, expulsar e assassinar estranhos" (Hobsbawm, 2002, p.131), o que de alguma maneira estava ligado à ideia de homogeneização étnica do Estado.

Ao mesmo tempo, o florescimento em grande estilo dos temas do nacionalismo e do Estado nacional na Europa na segunda metade do século XIX – unidade italiana, alemã – acabou de algum modo associado ao tema das etnias ou de grupos de identidades específicas: eslavismo, germanismo, sionismo etc. Para Hobsbawm, esses acontecimentos eram grávidos de consequências. "Doravante, qualquer corpo de pessoas que se considerasse uma 'nação' demandaria o direito à autodeterminação, o que, em última análise, significava o direito a um Estado independente soberano separado do seu território." Desse modo, "a etnicidade e a língua tornaram-se o critério central, crescentemente decisivo e muitas vezes único para a existência de uma nação potencial" (Hobsbawm, 2002, p.126). Para alguns, entre eles Marx (1979), haveria o risco do desenvolvimento de lutas em favor da constituição de nações não históricas. Em alguns casos, as etnias, "ligando as populações que vivem em amplos territórios, ou mesmo em dispersão e que não contam com uma estrutura política, podem ser consideradas como protonações e sua importância na formação da nação está principalmente em fornecer distinções entre 'nós e eles'" (Hobsbawm, 2002, p.80-1). Essa ideia tem significativa atualidade. Ainda hoje assistimos a grupos étnicos ou de identidade lutando, ou com potencialidade para isso, por um Estado separado para si, pois se entendem como nações que têm o direito de serem soberanas. Seria o caso de curdos, armênios, bascos, tamis e alguns povos indígenas, entre outros.

O princípio do Estado nacional, muitas vezes empregado como instrumento de libertação, foi em outros casos mesclado com valores raciais, inspirando a ideia de Estado puro. No último caso, trouxe como consequência a busca do expurgo das etnias não consideradas parte da nação. De acordo com Alves,

> Como todos sabem, foi no Ocidente que emergiu a noção de Estado nacional homogêneo, inspiradora de todos os nacionalismos e "limpezas étnicas" do mundo. Foi essa ideologia ocidental "iluminista" que provocou as chamadas "guerras balcânicas", inclusive, naturalmente, as duas que primeiro receberam esse nome, de 1912 e 1913 ... . Quanto às "limpezas étnicas", que então não tinham esse nome, as maiores ocorreram no fim do conflito greco-turco de 1921-22 com o deslocamento compulsório de enormes contingentes de cristãos ortodoxos da asiática Anatólia (muitos dos quais nem falavam grego) para a Grécia "em troca" de muçulmanos da Grécia (muitos dos quais não falavam turco) para a Turquia, já sem sultão, sob a liderança de Mustafa Kemal, o *Atatürk* ("Pai dos turcos"). (Alves, 2004, *mimeo*)

A radicalização da ideia de Estado puro parece ter tido seu ápice no período entre as duas Grandes Guerras, alcançando a máxima violência quando da tentativa nazista, durante a Segunda Guerra Mundial, de congregar todos os alemães em um território livre dos outros povos considerados inferiores. Como se sabe, esse foi um dos motivos para o genocídio dos judeus, ciganos (atualmente chamados de "roma") e outros grupos, como homossexuais e deficientes.

Normas e valores hoje considerados fundamentais consolidaram-se ao longo do tempo em meio a enormes contradições. Em alguns momentos, a nação pôde significar laços de solidariedade capazes de abarcar a diversidade étnica, como nos casos da França e da Itália. Em outros momentos, a nação deveria ser monoétnica, o que representa um retrocesso na ideia de tolerância, mas que teve enraizamento entre povos. Seria o caso, na atualidade, dos Estados resultantes do desmembramento, a partir de 1990, da Iugoslávia pós-Tito.

Descolonização

Após a Primeira Guerra Mundial, a partir de 1919, as ideias de nação e de autodeterminação encontram-se consolidadas no Ocidente, ganhando em princípio adesão universal. Tendo tido como expoentes o presidente dos Estados Unidos Woodrow Wilson e líderes emergentes nas colônias, como Mahatma Gandhi, ampliaram-se os grupos de intelectuais nacionalistas nas colônias ou semicolônias. A Sociedade das Nações, também criada em 1919, refletiu em parte essa tendência: as colônias dos países que perderam a Guerra, em muitos casos, foram absorvidas por outras potências com mandato, de forma não permanente, utilizando-se a figura do protetorado de responsabilidade em última instância da Sociedade. Foram os casos, por exemplo, da Palestina, antes sob domínio turco e colocada sob protetorado britânico, e de Ruanda e de Burundi, que passaram do domínio alemão ao protetorado belga. Enfim, a dominação de um povo pelo outro deixava de ter legitimidade, mas continuava, de fato, existindo.

A luta pela independência nacional, que se generalizou na América Latina no século XIX, começa a ser discutida de forma concreta, ganhando renovada visibilidade política, na Ásia e na África. Alcança *status* relevante nas relações internacionais após a Primeira Guerra Mundial, na década de 1920. Como dissemos, é um fenômeno que assinala a definitiva afirmação de um conceito nascido no Ocidente e por ele levado ao mundo, o de soberania, em particular o de soberania nacional. Como se sabe, muitos povos não conseguiram sua independência à época e outros ainda foram subjugados, como a Abissínia, atual Etiópia. Como lembra Carr (2001), os vinte anos de 1919 a 1939 foram sujeitos a numerosas crises porque se homenageava o valor "politicamente correto" da soberania nacional e da autodeterminação dos povos, ao passo que, de fato, a política de potências prevalecia, apesar das intensas mudanças e das tensões nas relações entre elas.

Entretanto, é no âmbito das Nações Unidas, a partir de 1945, que essas ideias de soberania nacional e de autodeterminação se apresentam com força maior. A "nação" passa a ser um poderoso elemento ideológico, principalmente no seu viés político, para lutas de descolonização, que em alguns casos tinham caráter também étnico e, em outros, apresentavam alguma dimensão religiosa. A luta pela independência e pelo fim da dependência política fortaleceu-se com a assimilação da ideologia nacionalista, que serviu de bandeira, mas nem sempre criou os laços de solidariedade atribuídos à nação.

Na primeira década do século XXI, olhando retrospectivamente, com a vantagem do *ex post facto*, podemos afirmar que para muitos Estados a independência nem sempre foi capaz de promover condições de convivência entre os grupos étnicos e sociais existentes, entre os quais Ruanda, Burundi, Argélia, Nigéria, Angola, Sri Lanka, Filipinas, Sudão, Índia, Paquistão e Mianmar são exemplos (Marshall e Gurr, 2003). Isso se deve a diferentes causas, algumas conexas ao passado colonial, como a determinação das fronteiras. O regime colonial, querendo assimilar ou integrar populações locais, alterava e substituía as estruturas de organização preexistentes, criando novas relações e hierarquias e com isso contribuindo para desestruturar antigas civilizações e culturas. Outras razões devem-se às relações de poder no sistema internacional contemporâneo, a exemplo da Guerra Fria e de interesses econômicos. Motivações para crises, por vezes endêmicas, devem-se também às instituições sociais e políticas desenvolvidas pelos novos Estados, e às divergências entre elites, grupos sociais, étnicos e religiosos.

Em virtude dessa conjunção de fatores, o Estado, supostamente nacional e recém-formado como instituição que, em princípio, buscaria viabilizar a convivência social, não se desenvolveu de maneira sólida. Segundo diferentes autores, até mesmo Hobsbawm (2003), o fato de movimentos de independência do Terceiro Mundo não coincidirem com uma unidade política ou étnica profundamente enraizada na história fez que após a independência, e em alguns casos muito depois, se desenvolvessem formas de identidade, de solidariedade e de concepções de mundo que terminam por questionar a nacionalidade do Estado existente. Em distintos Estados, e não apenas em ex-colônias da Ásia e da África, mas também, ainda que de modo atenuado ou não generalizado, na Europa central e oriental e na América Latina, um sentimento nacional vinculado ao formato territorial do Estado nem sempre se consolidou. Os exemplos são numerosos: Paquistão ocidental e oriental; Chipre turco e grego; Sudão muçulmano e cristão animista; Nigéria muçulmana, hausa e ioruba; Iugoslávia sérvia, croata, eslovena, muçulmana, albanesa; fortalecimento do indigenismo na América Latina, sobretudo andina.

Como vemos, isso torna inteligíveis conflitos regionais, guerras civis e violações de direitos humanos. Parte do nacionalismo independentista voltou-se contra o Estado ou, inversamente, grupos que controlavam o Estado buscaram afirmar sua preponderância diante de outros grupos. Essa evolução por certo tem explicações. Uma delas se refere ao fato de os Estados buscarem um mínimo de homogeneidade nacional que não possuíam, a exemplo da Argélia. Em contrapartida, alguns grupos protestavam, chegando a situações de extrema violência contra o dito nacional, que entendiam como homogeneização, fato do qual a Iugoslávia seria um exemplo. Isto é, protestavam e ainda protestam contra o que consideram, certa ou erradamente, a eliminação das particularidades de cada povo ou grupo étnico. Outro motivo seria o protesto contra ideologias ocidentalizadas elaboradas por elites modernizantes que buscariam aplicar valores ocidentais que soam como artificiais para alguns, por exemplo, no Egito. Há ainda casos em que governos surgem como tradicionalistas, opondo-se a mudanças desejadas por outros grupos.

Muitas vezes, os povos colonizados recorreram ao argumento da nacionalidade – simbolizando a união e a solidariedade de um povo – e da autodeterminação para adquirir a independência, a soberania nacional. No entanto, em alguns casos, a superficialidade e até mesmo a inexistência de laços de solidariedade de tipo nacional, além da artificialidade das fronteiras nas quais se estrutura a soberania e da não aceitação de determinado modelo de organização social, abriram as portas para os conflitos localizados que ocorreram ao longo do século XX e ainda ocorrem. Para se visualizar a magnitude do tema, Marshall e Gurr (2003) apontam que pelo menos setenta grupos étnicos entraram em conflitos armados pela autodeterminação ou por maior autonomia desde 1950, isso sem considerar as ex-colônias europeias na África. Em 2003, 22 conflitos étnicos por autodeterminação estavam em andamento. De todos os conflitos separatistas dos últimos quarenta anos, alguns novos Estados foram formados e completamente reconhecidos como tais, por exemplo, Bangladesh (1971), Eslovênia (1991), Croácia (1991), Eritreia (1993) e Timor Leste (2002).

No pós-Guerra Fria, a partir de 1990, com a reunificação alemã e o fim da União Soviética, cresce o impulso em direção à liberalização política e econômica. Esse período representou uma fase em que se fortaleceu o debate internacional sobre direitos humanos, alcançando estes simbolicamente maior universalidade com a Conferência Mundial sobre o tema realizada em Viena em 1993. Decorrida pouco mais de uma década, vai se tornando evidente o que não o era naquele momento: que os valores então discutidos em uma perspectiva de universalidade podem ser questionados no tocante à sua legitimidade e à sua eficiência. Seria realmente o Estado a instituição mais apropriada para organizar e tornar viável a vida dos seres humanos? Seria o Estado capaz de tratar adequadamente a *diversidade* étnica?

Ao fim da Guerra Fria, na percepção liberal, a esperança de consolidação em larga escala do Estado democrático de direito, em particular nos Estados onde não houvera democracia e liberdade, era positiva. Esperava-se que daí em diante haveria maior respeito aos direitos humanos em toda parte. Como vimos, a ideia de tolerância ligada à filosofia política de matriz liberal ganhou nova importância em fóruns internacionais. A *Declaração de Princípios sobre a Tolerância*, de 1995, da Organização das Nações Unidas para a Educação, a Ciência e a Cultura (Unesco), retrata não só a evolução da ideia de tolerância, mas também um pouco das esperanças do período para com a diversidade. A interpretação dada à revitalização da ideia secular busca absorver temas apresentados pelos novos tempos. Para Cardoso (2003), tolerância significa atitude ativa, não de neutralidade e indiferença diante da diversidade das culturas. A nova formulação de tolerância visaria rejeitar a opressão e a violência e introduzir a denúncia de desigualdades no campo das relações econômicas e sociais:

> Para tanto deve ser dada atenção especial aos grupos vulneráveis social ou economicamente desfavorecidos a fim de lhes assegurar a proteção das leis e regulamentos em vigor, sobretudo em matéria de moradia, de emprego e de saúde, de respeitar a autenticidade de sua cultura e de seus valores e de facilitar em especial pela educação sua promoção e sua integração social e profissional. (art. 3.3)

Nesse texto da Unesco de 1995, identificam-se os riscos que ainda na década de 1990 irão se acentuar como consequência de tratamento unilateral dos temas resultantes da diversidade étnica. Da mesma forma, aparecem os riscos que trazem a busca de um universalismo identificado com valores hegemônicos:

> No âmbito do Estado a tolerância exige justiça e imparcialidade na legislação, na aplicação da lei e no exercício dos poderes judiciário e administrativo. Exige também que todos possam desfrutar de oportunidades econômicas e sociais sem nenhuma discriminação. A exclusão e a marginalização podem conduzir à frustração, à hostilidade e ao fanatismo. (artigo 2.1) (Unesco, 1995, p.193-4)

No período pós-Guerra Fria, o horizonte utópico da convivência pacífica em contexto multicultural igualitário e de respeito universal e homogêneo de direitos humanos parecia ter caminhos razoavelmente pavimentados. A ideia de origem iluminista de que se algum Estado não fosse capaz de garantir tais direitos a comunidade internacional estaria disposta a trabalhar para estabelecer tais condições acabou abrindo espaço para uma nova geração de conflitos internacionais. Esses conflitos podem ser atribuídos ao antagonismo secular, irresolvido, entre valores universais e particularismo, em um contexto em que esses mesmos valores não deixam de ser formulados também em uma perspectiva hegemônica e de poder.

A tolerância, que na literatura sobre direitos humanos é fundamental para o tema da diversidade étnica, parece necessária para congregar os grupos étnicos sob a nação. Tolerância que foi deixada de lado em momentos em que se afirmava uma hierarquia de raças ou em que se almejava construir Estados "puros" etnicamente. Não obstante, ao fim da Guerra Fria, esse conceito foi retomado e afirmado como uma necessidade do Estado de direito, ao menos retoricamente.

Em suma, vimos que as interações entre etnia, nação e Estado (os dois últimos entendidos de acordo com o pensamento ocidental) produziram fenômenos que ganharam alcance e legitimidade praticamente universal, como o são a autodeterminação dos povos e a soberania nacional, e mesmo a tolerância. As ideias de nação e de Estado de direito e sobretudo a simbiose entre ambos passam a ser um desejo, uma ideologia, enfim, um modelo de organização dos seres humanos pela legitimidade e solidariedade que ensejam, ainda que estas nem sempre se tornem realidade.

2 Direitos humanos

A construção dos direitos humanos

A ideia de direitos humanos, tal como concebida na contemporaneidade, refletindo em boa parte a hegemonia do pensamento ocidental, começa a ser construída com o surgimento das ideias liberais no século XVII, alcançando seu nível mais alto de universalização em 1993, na II Conferência Mundial sobre Direitos Humanos, realizada pela Organização das Nações Unidas (ONU) em Viena. Esse processo pode ser dividido em alguns estágios. Buscamos assim introduzir conceitos que contribuirão para a criação de um modelo de organização social que permita o exercício dos direitos humanos, em especial no que toca à diversidade étnica. Esses conceitos são individualismo, coletividade, autodeterminação, legitimidade, igualdade, discriminação, dignidade.

Posteriormente, trataremos da proteção internacional dos direitos humanos, abordando questões como o interesse da comunidade internacional em fazer respeitar esses direitos em casos de violações intra e interestatais, que algumas vezes levaram à assistência e à intervenção humanitárias. Novamente, o objetivo é discutir esses temas para que possamos construir outro modelo representativo dos casos em que a diversidade étnica demanda ação internacional de

DIVERSIDADE ÉTNICA, CONFLITOS REGIONAIS E DIREITOS HUMANOS

acordo com a literatura sobre direitos humanos, o que faremos no Capítulo 3.

Como sabemos, no século XVII o fortalecimento das ideias liberais, potencializadas pela ascensão da burguesia, gerou contrastes entre esta e o Estado absolutista na Europa. Os liberais clamavam por, entre outras coisas, maior liberdade religiosa e de expressão, além de uma mínima interferência do Estado na vida econômica, de modo que este se restringisse a fornecer a estrutura necessária para o desenvolvimento das práticas burguesas. Para Lafer (2001), o período que antecede as Revoluções Americana e Francesa marca o surgimento dos direitos humanos. São as demandas por maiores direitos diante do soberano absolutista. Esses direitos representam, "na doutrina liberal, através do reconhecimento da liberdade religiosa e de opinião dos indivíduos, a emancipação do poder político das tradicionais peias do poder religioso e, através da liberdade de iniciativa econômica, a emancipação do poder econômico dos indivíduos do jugo e do arbítrio do poder político" (Lafer, 1991, p.126). É verdade que essa interpretação deve ser temperada por outras análises sobre a relação entre o Estado absolutista e a burguesia. Anderson (1985) mostra como a relação não foi totalmente antagônica, havendo convívio entre os dois, rompido pelos processos revolucionários. A burguesia, mesmo no quadro do absolutismo, pressionou por mais liberdade e maiores direitos. Todavia, aceitava supressão de direitos em caso de perigo para a ordem ou naqueles contextos em que tratava com povos ou civilizações considerados inferiores. É o caso do colonialismo e do imperialismo.

As demandas por maiores direitos foram primeiro atendidas nas declarações resultantes da Revolução Americana de 1776 e da Revolução Francesa de 1789, assim como o haviam sido, ao menos em parte, na Revolução Gloriosa inglesa do fim do século XVII. Os direitos então formalmente estabelecidos nos Estados Unidos e na França são considerados direitos humanos de primeira geração, cuja principal característica foi estabelecer clara delimitação entre Estado e não Estado, com base nas ideias contratualistas liberais. "São vistos como direitos inerentes ao indivíduo e tidos como direitos naturais, uma vez que precedem o contrato social ..." (Lafer, 1991, p.126).

Em 1791, a vocação individualista dos direitos de primeira geração foi complementada pela necessidade de direitos que pudessem ser exercidos coletivamente, materializados na Primeira Emenda da Constituição Norte-Americana. Tal emenda reconhecia o direito à livre associação dos indivíduos, garantindo, por exemplo, o funcionamento de partidos políticos e de organizações de trabalhadores (Lafer, 1991). Nesse momento são legalmente absorvidos os temas de liberdade de expressão, religião e imprensa. Na percepção prevalecente no fim do século XX e início do XXI, esses direitos passam a ser fundamentais para a prática da democracia, que seria, ainda por essa percepção, o regime de governo mais adequado ao exercício dos direitos humanos, como veremos adiante.

À primeira geração de direitos foi integrada a concepção de que eram necessários direitos que garantissem o bem-estar das pessoas. Legados do pensamento socialista, fruto das lutas sindicais, esses direitos buscavam garantir que o Estado provesse aos indivíduos o mínimo de condições para que pudessem viver dignamente, como o direito ao trabalho, à saúde e à educação. Esses são os chamados direitos de segunda geração (Lafer, 1991). Como nos de primeira geração, são os indivíduos os titulares destes. Porém, em vez de buscar limitar a influência do Estado na vida individual, os direitos de segunda geração apontam a necessidade de interferência estatal para garantir vida digna às pessoas. Esses direitos tiveram e têm grandes consequências; estimularam o Estado de bem-estar social, por exemplo. Em geral, a literatura aponta que o governo de Bismarck, a partir de 1870, na Alemanha pós-unificação, foi um dos primeiros a introduzir a segunda geração de direitos, exatamente para responder às pressões sindicais e da social-democracia. Nas primeiras décadas do século XX, estenderam-se à Europa Ocidental e aos Estados Unidos, sobretudo no período do *New Deal*. As Revoluções Mexicana (1910) e Russa (1917), assim como a Constituição alemã de Weimar (1919) e os governos dos países nórdicos da Europa, fortaleceram formal ou efetivamente a ideia da segunda geração de direitos.

Apesar de possuírem matrizes diferentes, e de certo modo antagônicas – liberais e socialistas –, os direitos de primeira e de segunda geração são complementares, visto que os últimos procuram assegurar as condições para o exercício dos primeiros. Isto é, buscam garantir condições materiais, ou pelo menos aliviar a falta delas, para que os seres humanos possam efetivamente exercer seus direitos e liberdades fundamentais.

Os direitos de primeira e segunda geração, no entanto, não são de fácil aplicabilidade. Possuem contradições, algumas de difícil resolução. Nos casos de extrema tensão social ou política, ou mesmo diante de conflitos externos, pergunta-se até que ponto devem ser preservados os direitos, mesmo os individuais e de primeira geração. Nos Estados Unidos, o governo Bush, após os atentados de 11 de setembro de 2001, reorganizou o sistema de segurança interno, segundo alguns, limitando direitos de primeira geração. Em país muito diferente, Ruanda, a limitação é também um problema corrente. Em 2004, o governo de Kagame procurou limitar a liberdade de expressão do jornal *Umuseso*, alegando que este estimula o "divisionismo" entre tútsis e hutus. Diversos jornalistas, porém, acusam o governo de utilizar o argumento para calar aqueles que têm posições contrárias ao governo (Trofimov, 2004).

Ao discutirmos a relação de direitos humanos com diversidade étnica e com conflitos regionais, apresenta-se o tema da distribuição desses mesmos direitos. Com relação aos de segunda geração, um problema pode surgir justamente por causa da democracia. Uma vez que é o povo, por meio de seus representantes, que decide quando e como o Estado deverá fornecer condições para que as pessoas vivam dignamente, uma minoria poderá ser prejudicada na distribuição desses recursos por contar com menos representantes no governo. Portanto, um problema central da democracia é a relação entre direitos da maioria e das minorias. Tema amplamente discutido pelos liberais, como Rousseau (1983) e Tocqueville (1977), o interesse geral e sua compatibilização com os interesses individuais ou de setores também foram discutidos por marxistas, como Luxembourg (1979). A questão é relevante ao falarmos de minorias ou grupos étnicos.

A relação entre direitos políticos e civis e os econômicos, sociais e culturais é questão importante no mundo contemporâneo. A harmonia entre eles seria o pressuposto de estabilidade e paz internacional. Boa parte dos conflitos regionais e étnicos, nem todos, origina-se de desequilíbrios entre grupos de populações cujos direitos de segunda geração são atendidos de modo seletivo. Os direitos são assimetricamente distribuídos entre populações que convivem ou que estão próximas territorialmente.

O debate contemporâneo sobre direitos humanos no plano internacional, fortalecido pelas discussões doutrinárias da década de 1990 e pela intensificação das ações de *peace keeping* e de *peace making*, levadas adiante pela ONU, ou de forma unilateral, tem como pressuposto o conceito de irredutibilidade do ser humano, o que significa a prevalência da pessoa sobre o Estado. Esse debate tem raízes longínquas. Para Rodrigues (2000, p.66), ao analisar o trabalho da ONU na codificação dos direitos humanos podemos demarcar uma clara mudança de compreensão da relação entre o indivíduo e o seu Estado, o Estado e a sociedade internacional, através do recrudescimento das medidas de proteção internacional do cidadão perante as prerrogativas soberanas do Estado.

De acordo com a literatura sobre direitos humanos, o Estado é a instituição que deve garantir não só as liberdades exercidas individual e coletivamente, mas também os recursos que permitam aos indivíduos exercer efetivamente seus direitos, pela provisão de saúde, alimentação, emprego etc. Portanto, é preciso ter em mente que, segundo a perspectiva dos direitos humanos, o Estado é uma necessidade.

Os direitos de primeira e segunda geração foram consolidados nas Nações Unidas em 1966 com o Pacto Internacional dos Direitos Civis e Políticos e o Pacto Internacional dos Direitos Econômicos, Sociais e Culturais. Segundo Lafer (1991), a divisão desses direitos em dois instrumentos distintos ocorreu pela heterogeneidade jurídica que diferencia as liberdades clássicas (primeira geração) dos direitos de crédito (segunda geração). Apesar de constituírem dois pactos, esses direitos são entendidos como complementares e não antagônicos, conforme afirmado na Conferência Mundial de Direitos Humanos de Teerã em 1983.

Como dissemos, a complementaridade desses direitos é essencial porque eles visam estabelecer condições formais e materiais sem as quais a prática dos direitos humanos em sua totalidade seria inviabilizada. Certamente, a igualdade formal, representada na ideia de que todas as pessoas são iguais perante a lei, significou um grande avanço histórico para a construção dos direitos humanos. Consagrou os ideais liberais contratualistas, que demandavam liberdade, segurança e propriedade, complementados pela resistência à opressão e coroados pelos movimentos constitucionalistas e pela emergência do modelo de Estado liberal, sob a influência de Locke, Rousseau e Montesquieu (Piovesan, 1998). A segunda metade do século XIX e o século XX assistiram, sem ver soluções definitivas, ao debate crítico sobre o significado limitado dos direitos de primeira geração.

Os conflitos regionais e os conflitos étnicos no fim do século XX e início do XXI pareciam pôr em dúvida o papel dos direitos de primeira geração, sobretudo sua efetividade. Não se trata de negar o seu sentido de avanço histórico, mas de entender como os direitos políticos e civis são constitutivos e necessários para as gerações seguintes de direitos. É nesse sentido que Alves (2000, p.187) afirma que "... Os direitos humanos não abolem nem negam a ideia de luta de classes, mas são importantes para se atenuarem os malefícios sociais do capitalismo incontrolado". Assim, a atenuação dos malefícios obter-se-ia pela expansão das liberdades clássicas, agora associadas aos direitos econômicos, sociais e culturais. Como lembra Piovesan (1998), os direitos sociais, firmados no Pacto Internacional dos Direitos Econômicos, Sociais e Culturais, implicam a visão de que os governos têm o dever de garantir adequadamente as condições de vida necessárias para todos os indivíduos, de maneira que possam exercer a cidadania. Essa questão é objeto de intensas polêmicas, visto que os direitos sociais implicam justiça distributiva e, ao mesmo tempo, exigem uma visão de mundo que considere necessidades de gerações futuras. O atendimento dos direitos sociais também vincula-se à distribuição internacional de recursos, assim como à capacidade econômica de nações e Estados.

Igualdade e diferença

A discussão sobre igualdade formal e acesso a recursos básicos nos remete à de discriminação, elemento presente nas tensões e conflitos étnicos. No mundo pós-Segunda Guerra Mundial, valores anteriormente correntes foram banidos de modo gradativo, relegados ao mundo do politicamente incorreto. A discriminação, a exclusão e a intolerância à diversidade são exemplos. O fim do colonialismo na década de 1960 parecia abrir a possibilidade da recuperação da dignidade dos povos que haviam ficado à margem do mundo desenvolvido. Porém, em seguida, percebeu-se que a ideia politicamente correta da proibição da exclusão não tornava viável a inclusão. Esta seria alcançável apenas com percursos longos, com mudanças na estrutura das relações internacionais, nas atitudes das elites nacionais e na mentalidade e nos valores arraigados nas pessoas e nas sociedades.

A Convenção Internacional sobre a Eliminação de todas as formas de Discriminação Racial, das Nações Unidas, define a discriminação como

qualquer distinção, exclusão, restrição ou preferência baseada em raça, cor, ascendência ou origens nacional ou étnica, que tenha o propósito ou o efeito de anular ou prejudicar o reconhecimento, gozo ou exercício em pé de igualdade dos direitos humanos e liberdades fundamentais nos campos político, econômico, social e cultural, ou em qualquer outro campo da vida pública. (Ohchr, 1965)

Portanto, discriminação significa desigualdade. O combate a esta implica fortalecer a democracia, os direitos civis, políticos, econômicos, sociais e culturais.

Pelo significado que teve na história, mas sobretudo pela importância contemporânea do tema, devemos esclarecer que há profunda diferença entre igualdade e homogeneidade. Falar em homogeneização da sociedade significa abrir caminho à extinção das particularidades dos seres humanos e da riqueza cultural representada pelas peculiaridades de cada coletividade, além de inviabilizar os direitos. Exemplo paradigmático foi a Alemanha de Hitler, que procurou aniquilar a "raça" judaica e outras raças consideradas inferiores para tornar o Estado alemão puro e homogêneo. Em anos recentes, conflitos regionais e guerras civis retomaram a ideia de homogeneização e de pureza étnica. Em alguns casos, seu estímulo foi a busca de parte de elites ou de grupos étnicos ou nacionais capazes de garantir o *status quo* e uma distribuição assimétrica de poder e de recursos. No caso de Israel e Palestina, a intolerância entre as partes faz que estas desejem o isolamento recíproco, e, para alguns, até a anulação do outro. Já na Iugoslávia, a intolerância preparou o terreno para conflitos étnicos com tendências genocidas. Em Ruanda, a possibilidade da perda de poder de parte da maioria hutu foi um dos motivos para o genocídio dos tútsis e hutus moderados. Nesse caso, a democracia implicaria maior distribuição de poder.

O genocídio é uma forma de tentar homogeneizar a sociedade pelo assassinato em massa. Seu conceito é mais abrangente e inclui, segundo a Comissão para a Prevenção e a Repressão do Crime de Genocídio da ONU, outros atributos de igual importância:

> Na presente convenção, genocídio significa qualquer dos seguintes atos cometidos com o intuito de destruir, no todo ou em parte, um grupo nacional, étnico, racial ou religioso, tal como: assassinar membros de um grupo; causar grave dano à integridade física ou mental do grupo; submissão intencional do grupo a condições de existência que lhes ocasionem a destruição física total ou parcial; medidas destinadas a impedir os nascimentos no seio do grupo; transferência de menores do grupo para outro grupo. (Unga, 1948)

Além do genocídio – continua o texto no terceiro artigo – deverão ser punidos: a conspiração para cometer genocídio; o estímulo direto e público para cometer genocídio; a tentativa de cometer genocídio e a cumplicidade com o genocídio.

O fim da Segunda Guerra Mundial deu novo fôlego ao tema dos direitos humanos, introduzido como relevante para o sistema internacional. Além da reiteração da importância dos direitos de primeira e de segunda geração, uma nova geração de direitos emerge vinculada ao aspecto da diversidade. Comissões e órgãos do sistema ONU são especialmente predispostos a isso. Surgem os chamados direitos de terceira geração que, a exemplo das duas primeiras, representam demandas daqueles que se sentem prejudicados. Essa geração de direitos tem como titulares grupos humanos, como a família, o povo, a nação, coletividades regionais ou étnicas e a própria humanidade (Lafer, 1991). Na década de 1970, desenvolve-se uma corrente de pensamento, tendo Basso (1975) como um de seus expoentes, em que o sujeito são explicitamente os povos, nem os indivíduos, nem os Estados.

Na tradição liberal, revisitada por Arendt, e discutida no Brasil por Lafer, os direitos humanos têm, por um lado, a característica de serem um meio criado por alguns grupos civilizacionais visando garantir a inerente pluralidade das pessoas. Para os liberais, igualdade e diferença caminham juntas, pois "se os homens não fossem iguais, não poderiam entender-se. Por outro lado, se não fossem diferentes, não precisariam nem da palavra, nem da ação para se fazer entender ..." (Lafer, 1991, p.151). Com base nessas premissas, entende-se a necessidade de garantir a pluralidade das pessoas na vida privada e a igualdade na vida pública. Desde Locke (1978), os liberais defenderam a ideia de que algum nível de desigualdade é inerente ao ser humano e mesmo necessário para a preservação da liberdade. De todo modo, o uso do par igualdade/desigualdade foi ambiguamente adotado. De acordo com o pensamento europeu ocidental do século XIX, o fator desigualdade podia ser compreendido como explicativo da diferença que os povos que se consideravam civilizados estabeleciam em relação aos que não eram assim considerados. Ao mesmo tempo, buscava-se universalizar alguns valores, considerando-se que seriam de interesse de todos e necessários ao bem comum.

Considerando a pluralidade da humanidade, a aceitação da diferença, que é o que assegura as particularidades do indivíduo, é essencial para a democracia. No entanto, na prática, a diferença pode constituir um impasse político uma vez que um conjunto de indivíduos, organizados em torno de sua etnicidade, por exemplo, pode ameaçar os interesses do restante da sociedade, rompendo a solidariedade da nação. Por isso, na Grécia Antiga, a superação de laços familiares e clânicos, da fase que antecede o período clássico, produz a primazia socrática do racional e também leva à democracia (Mazzeo, 2003). Nos tempos modernos, a tentativa de fortalecer a nação levou à busca da atenuação das diferenças, sobretudo as culturais, e às vezes as linguísticas. No plano dos Estados-nação a homogeneidade visou evitar rupturas e possibilitar a consolidação da democracia. Hoje nos damos conta de que essa busca teve como consequência o aguçamento de tensões intra e interestatais, chegando a debilitar a consolidação democrática ao avivar ou reavivar antigas rivalidades. A busca da atenuação das diferenças viabilizaria o convívio e a vida democrática; a Espanha serviria de exemplo. Em outros casos, a busca da homogeneização no interior dos Estados é causa da continuidade de crises. Seria a situação dos curdos, vivendo em Estados diferentes: Turquia, Iraque, Irã, Síria.

Segundo Kaldor (2001), o que parece ser mais comum, pelo menos em relação a conflitos étnicos, é que a eliminação ou a diminuição da diferença do outro não tem como objetivo principal a manutenção da democracia. Como veremos nos Capítulos 3 e 4, em certos Estados onde um grupo étnico detém o domínio do aparelho estatal ou de recursos

DIVERSIDADE ÉTNICA, CONFLITOS REGIONAIS E DIREITOS HUMANOS

que podem ser perdidos em virtude da democratização, procura-se extinguir a diferença para evitar mudanças na distribuição de recursos e garantir o *status quo*. Mais do que garantir a igualdade, o objetivo é eliminar a oposição.

A literatura sobre direitos humanos insiste em que para haver garantias para a diferença na vida privada e para a igualdade na vida pública o Estado e a democracia se fazem necessários. Todavia, é preciso ter em conta que muitas vezes o Estado é quem busca romper com os direitos de diferença e igualdade. A igualdade é uma construção histórica e social, relaciona-se com a formação do Estado. Este, porém, age contraditoriamente, quando elites e grupos que o detêm não estão comprometidos com uma ideia abrangente de democracia.

Igualizar não significa homogeneizar, e sim oferecer condições formais e materiais para que os direitos humanos sejam exercidos, respeitando-se as diferenças entre as pessoas e os grupos de pessoas. Isto é, deve-se evitar o comportamento discriminatório que de algum modo prejudique a expressão das particularidades na vida privada e a igualdade na vida pública. Uma certa forma de entender a tolerância torna possível que o respeito a esses direitos se torne realmente efetivo.

Habermas (2002) sublinha que a tolerância só existe de fato se as pessoas entendem a coexistência das particularidades de cada um como um "conflito" de crenças e atitudes que persistem por boas razões. Ou seja, não basta apenas que pessoas que se odeiam por serem de diferentes etnias, por exemplo, aceitem conviver lado a lado em uma mesma sociedade. "Se alguém rejeita pessoas com pele negra, nós não deveríamos esperar que ele demonstrasse 'tolerância para com aqueles de aparência diferente' porque isso seria aceitar o seu preconceito como um julgamento étnico que é similar à rejeição de uma religião diferente. Um racista não deve ser tolerante, ele deve superar seu racismo" (Habermas, 2002, p.3). Para o autor, só há tolerância quando o preconceito deixa de existir. Além disso, o comportamento tolerante deve ser praticado por todas as pessoas envolvidas para que se evitem dilemas de segurança. E uma maneira de possibilitar a expressão e a tolerância entre pessoas com especificidades diferentes é a democracia. Provavelmente, a explicação para parte dos conflitos contemporâneos deve ser buscada no ressurgimento de animosidades ancestrais, algumas entre grupos étnicos. Nos séculos XIX e em boa parte do XX, as relações internacionais explicaram-se por motivos de poder e econômicos. Atualmente ganham destaque novas causas, que não eliminam as anteriores, mas se entrelaçam com os temas relativos a democracia, liberdade, igualdade, tolerância, respeito pelas diferenças, dignidade, legitimidade.

Como ficou evidente, na literatura sobre direitos humanos, o Estado de direito e de bem-estar social são essenciais. A igualdade dos indivíduos perante a lei, o respeito às características de identidade de cada pessoa e grupo de pessoas, a provisão pelo Estado de condições materiais que permitam aos indivíduos exercer sua igualdade e diferença são fundamentais para os direitos humanos. Em um modelo ideal para os direitos humanos, essas normas e valores precisam estar presentes e a melhor maneira de fazer valer esses direitos são os regimes democráticos que possibilitem o desenvolvimento de solidariedade entre as pessoas.

Todavia, como ocorreu no curso da história e ainda hoje ocorre, muitas vezes é o Estado que viola ou negligencia os direitos humanos, ou simplesmente não tem recursos suficientes para fazê-los valer. Com o fim da Segunda Guerra Mundial e com a criação da ONU, em 1945, a proteção internacional dos direitos humanos se desenvolveu com mais força, chegando a se acreditar em sua universalidade em 1993, na Conferência de Viena.

O sistema internacional de proteção dos direitos humanos

Após a criação da ONU, o tema dos direitos humanos voltou ao cenário internacional com mais força e sob diferentes ângulos. A aprovação da Declaração Universal dos Direitos Humanos em 1948 deslanchou o desenvolvimento do campo do Direito Internacional dos Direitos Humanos. Este consiste em numerosos tratados internacionais cujo objeto é a proteção de direitos fundamentais. Basicamente, esse sistema normativo pode ser dividido em instrumentos de alcance geral e instrumentos de alcance específico.

Os instrumentos de alcance geral são o Pacto Internacional dos Direitos Civis e Políticos e o Pacto Internacional de Direitos Econômicos, Sociais e Culturais, ambos de 1966, que têm como titulares de direitos "toda e qualquer pessoa concebida em sua abstração e generalidade". Já os de alcance específico são as convenções e as medidas que tratam de questões específicas, como a tortura, a discriminação racial e o genocídio, sendo os titulares desses direitos as pessoas vistas "em sua especificidade e concreticidade", como a criança, os grupos étnicos e as minorias, as mulheres etc. (Piovesan, 1998, p.30).

Paralelamente ao sistema ONU, surgem também sistemas normativos regionais de proteção aos direitos humanos, os quais procuram lidar com sua proteção e promoção no plano regional. Os sistemas regionais desenvolvem-se em particular na Europa, na América e na África. Os sistemas regionais e globais são considerados complementares. Desse modo, consolida-se ao longo do tempo a coexistência do sistema global ONU, formado pela Declaração Universal de Direitos Humanos de 1948, pelos Pactos Internacionais de 1966 e pelas convenções internacionais específicas, articulado com os sistemas regionais. A Convenção Americana sobre Direitos Humanos foi redigida na Costa Rica em 1969, entrando em vigor em 1978 e dando origem à Corte Interamericana de Direitos Humanos.

Duas décadas após a aprovação da Declaração Universal de Direitos Humanos foi convocada a I Conferência Mundial de Direitos Humanos, realizada em Teerã em 1968. Aí foi feito o balanço da situação ao longo dos vinte anos. Foram travados debates conceituais sobre a indivisibilidade dos direitos humanos. Segundo Trindade (2003), o debate conceitual acabou sendo a grande contribuição da conferência. Nela foi afirmada a perspectiva, até então muito questionada, de que todos os direitos humanos são complementares e indivisíveis.

> Mais do qualquer outra passagem da Proclamação de Teerã, foi o seu parágrafo 13º o que melhor resumiu a nova visão da temática dos direitos humanos, ao dispor: "Uma vez que os direitos humanos e as liberdades fundamentais são indivisíveis, a realização plena dos direitos civis e políticos sem o gozo dos direitos econômicos, sociais e culturais é impossível". (Trindade, 2003, p.80)

Como já dito, a declaração de Teerã reafirma a tese de que os direitos de primeira e segunda geração são complementares, além de afirmar sua indivisibilidade.

Em 1993, após extensa preparação, a Organização das Nações Unidas promoveu a Conferência Mundial sobre os Direitos Humanos, em Viena. Para Alves, a importância da Conferência de Viena resulta do consenso obtido em diversas e controvertidas questões conceituais, como a universalidade dos direitos humanos, a legitimidade do monitoramento internacional das violações, a relação entre direitos humanos, desenvolvimento e democracia e a interdependência dos direitos fundamentais.

> A Declaração de Viena, com suas recomendações programáticas, constitui o documento mais abrangente sobre a matéria na esfera

DIVERSIDADE ÉTNICA, CONFLITOS REGIONAIS E DIREITOS HUMANOS

internacional, com uma característica inédita: adotada consensualmente por representantes de todos os Estados de um mundo já sem colônias, sua validade não pode ser contestada como fruto do imperialismo, o que era possível dizer-se até então, com alguma lógica, da Declaração Universal de 1948, aprovada pelo voto de 48 países independentes e 8 abstenções, numa época em que a maioria da população extraocidental vivia em colônias do Ocidente, sem representação na ONU. (Alves, 2000, p.189)

É por essa razão que se diz que os direitos humanos atingiram a suposta universalidade: "as particularidades históricas, religiosas e culturais devem ser levadas em consideração, mas os Estados têm o dever de promover e proteger *todos* os direitos humanos, independentemente dos respectivos sistemas" (Alves, 1994, p.173).

Contrariamente às melhores expectativas, diversas crises humanitárias mostram que depois de 1993 os direitos humanos sofreram novos e graves abalos. Foram violados em muitas circunstâncias, serviram como justificativa para intervenções autorizadas ou não pela ONU, contribuíram para colocar em debate um princípio básico das relações internacionais desde Westphalia, em 1648: o da soberania nacional. O que queremos assinalar é que houve a suspensão de aplicabilidade dos princípios e dos acordos relativos aos direitos humanos de modo seletivo. Em alguns casos houve intervenção: Bósnia, Kosovo, Angola, Timor, Haiti, Somália etc. Em outros não houve no momento agudo das violações, sendo o caso mais conhecido o de Ruanda, mas poderíamos incluir o caso Israel-Palestina, em que houve violações recíprocas. A universalidade dos direitos humanos parece ser restrita ao campo normativo e, mais grave, parece poder ser empregada como instrumento de poder e de políticas nacionais.

De maneira sintética, essa é a evolução dos direitos humanos. Observamos a criação de um regime internacional no qual os Estados se comprometem a observar certas normas e valores tidos como essenciais para o ser humano, mas sua aplicabilidade é incerta. Apesar da reconhecida indivisibilidade do conjunto desses direitos, desde que o tema se afirmou como legítimo na agenda internacional, sobretudo no âmbito das Nações Unidas, "os direitos humanos sempre padeceram de desequilíbrio em seu tratamento, em favor dos direitos 'de primeira geração'" (Alves, 2000, p.188). Mesmo em relação a estes, as indefinições criam vácuos interpretativos, reiterando-se o papel do poder.

Embora consolidados nas conferências citadas e em outras ocasiões, o tratamento indivisível dos direitos de primeira e segunda geração nunca foi posto plenamente em prática e tratado em conjunto. Assim como o tratamento normativo foi levado à frente no quadro de regimes internacionais específicos, os direitos econômicos e sociais foram tratados em outras instâncias. Os Pactos Internacionais de 1966, ainda que aprovados pelas Nações Unidas simultaneamente, possuíam claras divergências em termos de mecanismos de proteção.

O Pacto Internacional sobre Direitos Civis e Políticos dispunha desde o início de um comitê de peritos independentes encarregado de monitorar a implementação de suas disposições, com capacidade, inclusive, para acolher queixas individuais (conforme seu Protocolo Facultativo). Este comitê é sintomaticamente, denominado "Comitê dos Direitos Humanos".

Já o Pacto Internacional sobre Direitos Econômicos, Sociais e Culturais

não dispunha originalmente de mecanismo supervisor assemelhado. Somente em 1985 o Conselho Econômico e Social das Nações Unidas decidiu estabelecer um comitê de peritos para examinar os relatórios nacionais dos Estados-partes, formalmente idêntico a seu homólogo do outro pacto, mas sem capacidade para

DIVERSIDADE ÉTNICA, CONFLITOS REGIONAIS E DIREITOS HUMANOS

acolher comunicações individuais atribuídas aos direitos protegidos por cada um: o novo "Comitê dos Direitos Econômicos, Sociais e Culturais" não denota no nome o fato de que esses direitos, tanto quanto os civis e políticos, também são inalienáveis e fundamentais. (Alves, 2000, p.188)

De fato, os instrumentos que poderiam tornar viável o respeito aos direitos de segunda geração são tratados de forma separada, em órgãos específicos, boa parte deles voltada a questões macroeconômicas em que os direitos surgem, muitas vezes, apenas protocolarmente: Conselho Econômico e Social das Nações Unidas, Conferência da Nações Unidas sobre Comércio e Desenvolvimento (Unctad), Acordo Geral sobre Tarifas e Comércio (Gatt), Organização Mundial do Comércio (OMC), Comissão Econômica para a América Latina e o Caribe (Cepal), Fundo Monetário Internacional (FMI), Banco Mundial etc. A normatização econômica em si não soluciona as questões do desenvolvimento e da justiça distributiva, tampouco o descolamento dos temas da primeira e da segunda geração de direitos contribui para a superação das injustiças.

Direitos humanos e a proteção da diversidade

A evolução quantitativa e qualitativa nas comunicações nas últimas décadas do século XX, resultado do desenvolvimento da microeletrônica e da informática, permitiu grande rapidez nos fluxos de informações. Em alguns casos, os Estados as usam para seus interesses, facilitando ou não o conhecimento. Ao mesmo tempo, rapidez, disseminação e barateamento dos meios de comunicação permitiram a transmissão e o acesso a informações por parte de um número crescente de atores. Os noticiários ou outras formas de informação, como sites de organizações não governamentais

(ONGs), inclusive as de direitos humanos, mostram como esses direitos são violados em alguns países ou regiões. Essas violações têm diferentes dimensões, como genocídio, estupro sistemático de mulheres, prisões arbitrárias etc. Em certos casos, o Estado priva sua população de recursos econômicos e de direitos sociais e culturais, embora essas violações recebam menor atenção. Visto o debate sobre direitos humanos, devemos agora responder a como se dá a proteção dos direitos humanos e da diversidade étnica, nos níveis nacional e internacional.

As duas primeiras gerações de direitos tratam do ser humano em sua individualidade e em sentido abstrato. No âmbito da ONU os chamados direitos de terceira geração, cujo intuito é proteger coletividades e suas características específicas, passam a se desenvolver de modo mais amplo. O processo de asserção dos direitos humanos levanta grandes questões sobre conceitos clássicos do sistema internacional: soberania, nação, autodeterminação, legitimidade, monopólio legítimo da força, direito de resistência e secessão, entre outros.

As nações representam, ao menos no momento fundacional de sua constituição, a solidariedade dos indivíduos que se veem como membros de um grupo capaz de viver coletivamente, a despeito de suas particularidades. Isso pode resultar de vínculos ancestrais ou de uma vontade construída. É universal a ideia de que as nações têm o direito de se autogovernar, o direito de autodeterminação. De acordo com os pressupostos do regime internacional de direitos humanos, a legitimidade de um Estado estabelece-se à medida que este garante a liberdade e as condições básicas para que os indivíduos que compõem a nação consigam viver dignamente (Unga, 1993). Para isso, é preciso que o aparelho estatal seja representativo ao legislar e capaz de arbitrar conflitos internos. O Estado também

DIVERSIDADE ÉTNICA, CONFLITOS REGIONAIS E DIREITOS HUMANOS

deve proporcionar condições para que todos os indivíduos possam ter acesso à vida pública, bem como desenvolver com o mínimo de dignidade suas relações privadas. Essa sociedade deve ser tolerante no sentido de aceitação e inclusão das particularidades, como a diversidade étnica e a cultural de seus membros.

A partir de 1990, com o fim da Guerra Fria, embora o problema existisse anteriormente, a estrutura das relações internacionais criou condições para manifestações regionais, antes apenas latentes. Depois disso, a transformação de interesses latentes em ações efetivas trouxe à tona a questão sobre o que acontece se uma parcela da população deixa de se identificar ou solidarizar com o restante do povo, reivindicando para si um Estado soberano separado, baseado no princípio da autodeterminação.

O problema da aplicabilidade da autodeterminação existe há longa data. Na primeira metade do século XVII, na Europa, o problema das minorias, no caso católicas e protestantes, foi resolvido pelo Tratado de Westphalia, de 1648, que garantiu liberdade de culto e reconheceu o princípio de soberania. Após a Primeira Guerra Mundial, o princípio da proteção internacional das minorias conquistou grande importância. Nação e nacionalidade tornaram-se conceitos fundamentais para a legitimidade doméstica e internacional, inclusive com a finalidade da criação de novos Estados que surgiam dos antigos impérios multinacionais. A legitimação dos novos Estados baseava-se no princípio de que cada nação tinha o direito a um Estado. Com o desmoronamento de impérios, resultado de derrotas militares (Áustria-Hungria, Turquia) ou de revoluções (Rússia), populações que não se viam como uma única nação por não haver laços de solidariedade que lhes possibilitassem a convivência, mesmo existindo particularidades, passaram a reivindicar o reconhecimento da nacionalidade, muitas vezes fundamentada em especificidades linguísticas, étnicas e religiosas.

> Para administrar esta nova situação, fruto da secessão e da sucessão de Estados, ganhou ímpeto o tema da proteção internacional das minorias por meio de direitos voltados para os indivíduos, mas com uma vocação para adquirir titularidade coletiva. (Lafer, 1991, p.141)

Como dissemos, esses direitos serão chamados de terceira geração.

O direito de autodeterminação dos povos é de alta complexidade, objeto de tratados e jurisprudência. A Declaração sobre a Concessão da Independência aos Países e Povos Coloniais, da ONU, de 1960 (Ohchr, 1960), estabelece que "todos os povos têm o direito à autodeterminação; em virtude desse direito eles determinam livremente seu *status* político e buscam livremente seu desenvolvimento econômico, social e cultural". O conceito de povo deveria ser mais bem definido, inclusive em sua relação com o de nação. Lafer (1991) lembra que, no Direito Internacional Público contemporâneo, o direito à autodeterminação foi atribuído a povos mas não a Estados ou a nações. Desse modo, populações que poderiam ser vistas como nações não possuiriam apoio para separar-se e constituir um novo Estado. Veja-se que esse debate interessa a Estados que aparentemente não têm problemas de integridade nacional. Mesmo no caso brasileiro, o debate sobre direitos de populações indígenas está longe de definitiva solução. No caso dos Estados Unidos, alguns autores sugerem que os crescentes fluxos migratórios podem pôr em risco a unidade nacional.

O art. 6 da Declaração de 1960 estabelece que "Qualquer tentativa direcionada à quebra total ou parcial da unidade nacional e da integridade territorial de um país é completamente incompatível com os princípios e objetivos da Carta das Nações Unidas" (Ohchr, 1960). Ao mesmo tempo, de forma complementar, o art. 27 do Pacto Internacional sobre Direitos Políticos e Civis afirma a necessidade de certa autonomia das minorias:

> Nos Estados em que haja minorias étnicas, religiosas ou linguísticas, as pessoas pertencentes a essas minorias não poderão ser privadas do direito de ter, conjuntamente com outros membros de seu grupo, sua própria vida cultural, de professar e praticar sua própria religião e usar sua própria língua. (Ohchr, 1966)

Atualmente a variedade e a complexidade das lutas e pedidos por autodeterminação trazem dúvidas sobre a aplicabilidade desse conceito, ficando difícil precisar quem tem esse direito. Nas fases de dissolução de Estados multiétnicos e no período da descolonização as evidências eram maiores. Como em outros casos históricos, e como acontece no âmbito das relações políticas, os interesses, a força, a vontade, a constituição de uma identidade nacional acabam tendo papel decisivo. Exemplo é a situação de algumas ex--colônias que se incorporaram aos Estados de origem (Hong Kong e Macau à China, Goa à Índia), ao passo que outras constituem-se como Estados independentes (Timor Leste, separado da Indonésia).

Considerando que o sistema internacional é formado por Estados independentes, na atualidade a luta pela autodeterminação em geral é uma luta de secessão, como aconteceu nas crises da ex-Iugoslávia. O desejo de secessão ocorre porque parcela da população deixa de identificar o Estado no qual vive como legítimo, ao mesmo tempo que deixa de haver solidariedade entre a parcela do povo que quer a separação e o restante da sociedade. Muitas vezes, o separatismo tem causas políticas e econômicas, misturando-se a motivações étnicas (Cintra, 2001). O sentimento nacional deixa de agregar a totalidade da sociedade. Há casos em que o tema da autodeterminação surge no cenário internacional, relacionando-se com diversidade étnica, conflitos regionais e direitos humanos, não na perspectiva da secessão, mas na da soberania popular, entendida como direito ao autogoverno, direito a não se submeter a nenhuma forma de poder autoritário.

Há situações em que a reclamação de grupos à comunidade internacional se faz para sustentar seu direito a mudar um governo existente, estando o povo ou parte dele privado de se autogovernar. Nesses casos não vem à tona o tema da secessão, mas apenas o do direito à soberania popular, ou ao reconhecimento dos direitos das minorias. Esse é o caso de Ruanda, onde os tútsis, que foram excluídos, lutavam para participar do governo sem sofrer discriminação por parte da maioria hutu. No caso da Palestina, trata-se de uma luta pela constituição da soberania nacional. Não se trata de secessão, pois o princípio da existência de um Estado nacional palestino é reconhecido pela comunidade internacional, até mesmo por Israel. Este último, porém, alega que a ocupação dos territórios palestinos não tem o objetivo de estender a própria soberania, mas se dá, em tese, em razão de questões de segurança, não em prejuízo da criação de um Estado.

Atualmente, mesmo havendo consenso na condenação da opressão política, econômica, cultural e social, há grandes dificuldades na definição do limite entre direitos humanos, direitos dos povos, direito à autodeterminação e à razão de Estado. Vejamos a Declaração de Viena e Programa de Ação, aprovado na II Conferência Mundial sobre Direitos Humanos de 1993:

> Todos os povos têm direito à autodeterminação. Por força desse direito, escolhem livremente o seu sistema político e perseguem o seu desenvolvimento econômico, social e cultural... Tal não será entendido como autorizando ou encorajando qualquer ação que conduza ao desmembramento ou coloque em perigo, na totalidade ou em parte, a integridade territorial ou a unidade política de

Estados soberanos e independentes que se rejam pelo princípio da igualdade de direitos e da autodeterminação dos povos e que, consequentemente, possuam um governo representativo de toda a população pertencente ao seu território, sem distinções de qualquer natureza. (Unga, 1993)

Pela letra do documento, a secessão seria legítima quando não houvesse igualdade de direitos ou não existisse governo representativo de toda a população. Sem dúvida, a questão remete à interpretação, em parte subjetiva, da efetividade desses mesmos direitos. Os dilemas contemporâneos, tão presentes na ex-Iugoslávia, ou sob outra forma na Chechênia, apresentam questões que podem levar à guerra, uma vez que Estados soberanos recusam ceder parte de seu território. O agravamento das tensões também pode se dar pela não aceitação, por parte daqueles que querem a secessão, de um arranjo político que lhes confira maior autonomia. O direito internacional e a política confrontam-se com esses dilemas.

No pensamento liberal do século XVIII, reconhecia-se a legitimidade de as pessoas não serem obedientes ao governo em certas condições. Era o chamado direito de resistência que o povo poderia praticar quando

um homem ou mais de um chamarem a si a elaboração de leis, sem que o povo os tenha nomeado para assim o fazerem, elaboram leis sem autoridade, a que o povo em consequência, não está obrigado a obedecer; e, nessas condições o povo ficará novamente desobrigado de sujeição, podendo constituir um novo legislativo conforme julgar melhor, tendo inteira liberdade de resistir à força aos que sem autoridade, quiserem impor-lhe seja lá o que for. (Locke, 1978, p.119)

Nesses casos, quando o governo deixa de agir de acordo com as leis, quando age de acordo com seus próprios interesses, não os públicos e da nação, quando viola o direito de propriedade das pessoas, o povo oprimido tem direito de rebelar-se, como efetivamente aconteceu na Gloriosa Revolução inglesa em 1690, na independência das treze colônias norte-americanas em 1776 e na Revolução Francesa de 1789.

Com o passar do tempo, o entendimento do direito de resistência foi ampliado, com a inclusão de distintos tipos de opressão. No século XX foram deslegitimadas diferentes opressões, como a exercida pelas metrópoles sobre as colônias ou as diferentes formas de imperialismo. A partir da revolução húngara de 1956, a presença soviética no Leste Europeu foi perdendo legitimidade. Do mesmo modo, entraram cada vez mais em discussão a prepotência econômica que cria injustiça (Rawlls, 1971), a opressão aberta de classes, de raça, religiosa e étnica. O direito de resistência passa a ser entendido como resultado de situações agudas, em que o Estado deixa de cumprir a função de guardião dos direitos políticos, civis, econômicos, sociais e culturais.

É em razão da luta, considerada justa por alguns, contra a opressão e pelo direito de se autodeterminar que muitos grupos étnicos se mobilizam e desencadeiam, no limite, guerras civis que podem gerar violações de direitos humanos por décadas. Os conflitos étnicos por autodeterminação, segundo Marshall e Gurr (2003), em média duram aproximadamente 25 anos, muito mais que conflitos interestatais. Em geral, terminam na forma de um arranjo político, sem secessão, que fornece condições aceitáveis para os lados em crise, visando reduzir o espaço para a opressão. Para esses autores, são os casos dos albaneses na Macedônia, dos casamançais no Senegal, dos acehneses na Indonésia. Nem sempre esses acordos perduram, podendo reacender-se os conflitos. A luta por autodeterminação é apenas um desdobramento, talvez o mais extremo, das tensões étnicas. O caso de Kosovo representa isso. Mas não se deve esquecer que lutas também ocorrem por maior autonomia política ou simplesmente para se obter alguns direitos de expressão garantidos.

Apesar de localizados e muitas vezes intraestatais, por serem guerras civis, esses conflitos produzem abalos regionais em termos econômicos, sociais e políticos. Têm como consequência queda do comércio, fluxo de refugiados e tensões com governos vizinhos. Por causa da interdependência do sistema internacional esses mesmos conflitos com frequência ultrapassam as fronteiras nacionais, tendo impactos regionais. Esses desenvolvimentos, sobretudo a partir da década de 1980, fortaleceram o debate sobre a proteção internacional de direitos humanos, consubstanciado na Conferência de Viena de 1993, no Tribunal Penal Internacional, ainda em curso de consolidação, e na constituição de um regime internacional de direitos humanos, cuja solidez alguns questionam.

A proteção internacional dos direitos humanos

A consolidação do Estado de direito, na perspectiva ocidental, trouxe em seu bojo a responsabilidade deste de zelar pelos direitos humanos, garantindo a igualdade jurídica, o direito à diferença e às particularidades na vida privada, como seria a liberdade de consciência e de crença religiosa. É também responsabilidade do Estado prover condições materiais para que as pessoas gozem efetivamente daqueles direitos, como afirmado no conceito de Estado de bem-estar social. Como vimos até aqui, pode ocorrer de o Estado perder a capacidade de agir como deve ou de negligenciar suas obrigações. Para responder às questões sobre esses casos, vem se fortalecendo o debate a respeito da ação internacional, que se integra às questões de interesses e de poder.

Segundo Rodrigues (2000), os Estados, sobretudo os não desenvolvidos, expressam reservas a uma legislação internacional dos direitos humanos. Tal legislação poderia abrir possibilidades para interferência e intervenção estrangeira em suas políticas domésticas. É por isso que Trindade (2003, p.73) afirma que a proteção internacional dos direitos humanos conta "com o indispensável concurso do poder público dos Estados, detentores que são – à luz dos próprios tratados e instrumentos internacionais de proteção – da responsabilidade *primária* pela observância e salvaguarda dos direitos humanos". Apesar dessa desconfiança, os mecanismos de proteção internacional desses direitos muitas vezes têm sido criados ou foram implementados para responder às violações em situações em que o Estado já não tem capacidade suficiente ou meios adequados para garantir as liberdades e os direitos inalienáveis das pessoas (Trindade, 2003). O fato é que os direitos humanos ganharam atenção universal e há crescente entendimento de que o ser humano vem antes do Estado, de acordo com a perspectiva prevalecente sobre esses direitos.

Há outras concepções relativas ao tema. Na Conferência de Viena de 1993, várias delegações apresentaram diferentes perspectivas na discussão dos direitos. Conceitualmente, elas se apresentam sob a denominação geral de relativismo. A delegação chinesa e a de Cingapura naquela reunião defenderam que os direitos humanos têm diferente conotação de acordo com a tradição cultural e histórica de determinados povos. Para a delegação chinesa e seu governo, há primazia da sociedade e do Estado sobre o ser humano individual; assim, o desenvolvimento econômico é pressuposto para a realização dos direitos humanos. Outros países do Terceiro Mundo reconhecem a hegemonia dos valores ocidentais e isso transparece de modo explícito. A delegação da Tunísia em Viena afirmou que o amadurecimento do pensamento humano constitui patrimônio comum às diferentes religiões e culturas. Vários Estados fizeram questão de afirmar que o estágio de desenvolvimento não pode condicionar o significado universal dos direitos humanos, a exemplo da Santa Sé, do Chile, do Tadjiquistão (Trindade, 2003). Segundo Trindade, países cujos governos ou sociedades hostilizam valores ocidentais manifestaram-se na conferência pelo reconhecimento da validade universal dos direitos humanos, que seriam comuns, independentemente de religião, costumes, história.

Ainda que se possa dizer que a atenção internacional aos direitos humanos pelos vários tratados e convenções assinados nos sistemas ONU e regionais tem por trás certa ocidentalização das relações internacionais, isso não significa que outros povos e culturas não tenham contribuído para a concepção atual do tema. Evidentemente, o processo de elaboração de resoluções e tratados, em especial os de vocação global, deve ter flexibilidade suficiente para atender a um grande número de sugestões e reivindicações. No entanto, o peso das ideias e dos Estados ocidentais são os principais moldes dos direitos humanos.

> O individualismo, que é a base para as concepções de direitos humanos, espalha-se com a expansão europeia e é absorvido pelo resto do globo à medida que os países adaptam sua política, economia e sociedade ao modelo ocidental. O aumento da interdependência entre os Estados faz crescer os constrangimentos externos sobre os países que não se enquadram aos padrões estabelecidos pelas leis internacionais. (Rodrigues, 2000, p.67)

Contudo, deve-se lembrar, a virtual aceitação universal das normas e dos valores expressos na literatura e na legislação carece de medidas práticas que os tornem realidade nos diversos Estados, até mesmo naqueles embebidos de valores ocidentais. Tanto em países desenvolvidos, como os Estados

Unidos, quanto nos pobres, como o Brasil, pode-se constatar essa realidade, por exemplo, nos modos não equitativos de inserção de alguns grupos (negros, latinos).

Assistência e intervenção humanitárias

A evolução dos direitos humanos e de seu debate põe o tema como objeto de atenção, tendo a comunidade internacional interesse de protegê-los, de acordo com numerosos documentos: tratados, convenções, acordos bilaterais, multilaterais, regionais. Em junho de 1992, o secretário-geral da ONU apresentou o documento "Uma Agenda para a Paz", que havia sido solicitado pelo Conselho de Segurança em janeiro daquele ano, com o intuito de dotar de mais eficiência as tarefas de *preventive diplomacy* (diplomacia preventiva), *peace making* (estabelecimento da paz) e *peace keeping* (manutenção da paz), previstas na Carta da ONU desde 1945. O documento do secretário-geral afirmou a função proeminente da ONU de trabalhar pela paz, "desde a prevenção dos conflitos, passando pela assistência emergencial para a reconstrução, até o desenvolvimento econômico e social". A intervenção foi reiterada como um instrumento da ONU que visa à *peace building* (consolidação da paz) (Lannes, 1999, p.104). Em janeiro de 1995 essa sistematização é consolidada.

A intervenção humanitária parece afirmar-se na política e no direito internacional como possibilidade em casos em que o Estado não é mais capaz de promover e garantir os direitos e as liberdades fundamentais. Para alguns autores, seriam três os elementos que caracterizam a intervenção:

> O objeto de ação tem de ser um Estado soberano, que se opõe à ingerência externa, e a intervenção tem de representar um esforço de influenciar sua conduta doméstica, ocupando-se de tarefas em

DIVERSIDADE ÉTNICA, CONFLITOS REGIONAIS E DIREITOS HUMANOS

relação as quais o Estado teria normalmente a titularidade. Além desses requisitos, a intervenção humanitária envolve uma situação em que os aspectos humanitários são os motivadores primários da decisão de intervir e o principal alvo da ação. (Rodrigues, 2000, p.97)

O direito humanitário, surgido em meados do século XIX, é um conjunto de direitos internacionais complementar aos direitos humanos. No início, um de seus objetivos era estabelecer as maneiras pelas quais os estrangeiros deveriam ser tratados por Estados em conflito. Nessa mesma época, alguns consideram a criação do Comitê Internacional da Cruz Vermelha, inspirado em ações de socorro humanitário na Batalha de Solferino de 1866, em que participaram, por um lado, italianos piemonteses e, pelo outro, franceses e austríacos. Era o início da assistência humanitária, que tem características distintas da intervenção humanitária. Com o passar do tempo, sobretudo na atualidade, a questão da intervenção humanitária também se refere a conflitos internos que não necessariamente envolvem estrangeiros. Portanto, a possibilidade de intervenção humanitária em conflitos domésticos toca na soberania dos Estados.

Tem havido crescente tendência a se afirmar que o valor da vida e dos direitos humanos tem precedência sobre as prerrogativas soberanas do Estado. É um debate que acirra tensões nas relações entre Estados, muitas vezes dentro de cada Estado e no plano das ideias. No entanto, é apenas uma tendência. A intervenção humanitária suscita constantes discussões e pode ser analisada em diferentes abordagens quando se trata de sua legitimidade. No mundo contemporâneo temos exemplos de diferentes tipos. Intervenções legitimadas pela ONU são os casos de Moçambique, Angola, Timor Leste, Kosovo, Haiti. Entre as intervenções de grandes potências, legitimadas a posteriori pela ONU, há o caso da Bósnia. Entre as intervenções não legitimadas pela comunidade internacional durante um razoável período está a intervenção norte-americana no Iraque em 2003. Há ainda o caso de não intervenção mesmo quando reclamada por parcela da sociedade local ou por partes da comunidade internacional: é o caso de Ruanda.

No tema da intervenção humanitária, por suas características intrínsecas, a perspectiva ética é da maior importância. Apresentar esse debate é fundamental e de equacionamento muito difícil. Há correntes que defendem a ideia de que os imperativos morais têm legitimidade para se sobrepor às limitações legais internacionais e à soberania. Outros defendem a ideia de que a intervenção só se dá com a aprovação explícita da comunidade internacional, que estaria representada pelo Conselho de Segurança da ONU. No debate a respeito de questões éticas que legitimam ações de cunho humanitário o pensamento racionalista é influente, mas o idealismo kantiano (Kant, 2002) também. Aplicar-se-ia, segundo o princípio da supremacia dos imperativos morais nas relações internacionais, de forma modificada, o princípio de resistência. Não se trata da resistência do povo ou de uma parte dele, mas de uma ação internacional contra a tirania nos casos em que o próprio povo ou parte dele não tem condições de oferecer resistência. Do ponto de vista das relações internacionais, permanecem questões não respondidas: o que leva os Estados a intervirem em outros e o que acontece quando um Estado poderoso não respeita os direitos?

Uma vez constatada a violação sistemática dos direitos humanos por parte do Estado contra sua população, dificilmente as intervenções militares internacionais são automáticas. E de certo modo nem poderiam, pois o ato de intervir é predominantemente fruto de deliberações políticas. Isso quer dizer que os tomadores de decisão nos Estados que compõem a comunidade internacional levam em conta a legislação e a opinião pública internacionais, assim como as

DIVERSIDADE ÉTNICA, CONFLITOS REGIONAIS E DIREITOS HUMANOS

implicações de determinada intervenção em termos de poder. Isto é, consideram as consequências da intervenção para sua posição no sistema internacional, nos níveis global e regional. No caso de um conflito étnico por maior autonomia, por exemplo, deve-se agir em favor do governo que tenta não ceder ao pedido dos rebeldes, ou em favor dos rebeldes que julgam o governo injusto? Pode-se dizer que os direitos humanos não possuem um dispositivo automático para punir os infratores, tal qual o Estado quando uma de suas leis é violada, e que as ações são permeadas por cálculos políticos.

Na formulação de Nye (2002), os norte-americanos têm tudo a ganhar incorporando os interesses globais aos nacionais. O que significa que o cálculo político deve levar em conta os valores que surgem como universais, integrando-os à própria perspectiva. Aqui temos uma possível resposta explicativa das razões das intervenções. Elas podem ter motivos efetivamente humanitários, mas devem coincidir com o próprio interesse político. No caso de violações por parte de Estados poderosos, empiricamente pode-se verificar que a possibilidade de intervenção internacional é muito baixa. Poderia ser o caso da inação internacional diante da presença russa na Chechênia, onde os russos também são acusados de violar direitos.

As intervenções humanitárias são muitas vezes seletivas, isto é, não são imparciais e solícitas onde a necessidade surje. Além disso, algumas intervenções

> se caracterizam por um tal nível de brutalidade tática com as populações civis que, além de promoverem um acirramento dos ânimos capaz de agravar as violações de direitos humanos que visam a combater, acabam justificando as dúvidas e contestações expressadas sobre sua oportunidade. Nenhuma conseguiu até agora solucionar de maneira segura o emaranhado de problemas do pós-guerra da área respectiva sob intervenção. (Alves, 2001, p.299)

Ainda hoje é possível observar crises em Kosovo, por exemplo.

Apesar dos problemas processuais e das dúvidas que as intervenções podem levantar a respeito da intenção moral e/ou legal dos interventores, algumas deram-se em bases reais, isto é, quando de violações concretas de direitos humanos, até mesmo os relacionados à diversidade étnica. Pode haver outros interesses na decisão de intervir, que sempre tem como consequência a violação, ainda que temporária, da soberania de um Estado. Isso não significa que a questão humanitária seja totalmente alheia aos motivos da ação; o que afirmamos é que há incentivos para esta acontecer quando se associam questões de interesse e de poder. A presença de tropas brasileiras e de outros países no Haiti em 2004 não escapa a essa perspectiva.

A intervenção humanitária pode desempenhar papel importante em casos de conflitos étnicos. Isso porque um ator internacional pode ser visto com a neutralidade necessária para fazer que os grupos em conflito possam dialogar de forma construtiva, estabelecendo novas bases para a paz e para o desenvolvimento de solidariedade e tolerância. Evidentemente, essa neutralidade só pode ser obtida se as partes julgarem o interventor legítimo e imparcial.

Além da intervenção humanitária, a assistência humanitária é outra maneira pela qual a comunidade internacional pode agir para a promoção dos direitos humanos. A diferença entre um tipo de ação e outro é que a assistência, seja ela promovida por operações de manutenção da paz regionais, por organizações não governamentais (ONGs) ou por agências da ONU, deve obter o consentimento do Estado onde ela vai ocorrer. Segundo Rodrigues (2000), ao contrário da intervenção, a assistência humanitária não pode ser imposta, isto é, não deve ultrajar a soberania do Estado em questão. Seu intuito seria prover alívio e conforto aos flagelados por conflitos internos, internacionais e catástrofes naturais. Há ONGs que podem atuar dedicando-se somente ao socorro e ao alívio de populações vitimadas, abstendo-se de comentar ou tomar partido nas situações em que estão envolvidas. Mas também há as que podem atuar, assim como certas organizações intergovernamentais, como monitoras dos direitos humanos, relatando violações, propondo soluções e pressionando autoridades locais e internacionais para tomarem providências a fim de restaurar ou construir as condições ideais para o gozo dos direitos fundamentais e inalienáveis das pessoas. O melhor exemplo, segundo essa autora, é o Comitê Internacional da Cruz Vermelha, que não busca influir na política doméstica, nem relata de modo detalhado o que seus agentes observam quando estão em ação.

A experiência amadurecida ao longo das duas últimas décadas, a partir de 1980, e consolidada na década de 1990 e no início do século XXI, é de que a opinião pública internacional tem peso significativo, ainda que longe de decisivo, nas ações humanitárias. A opinião tem origem em diferentes *inputs*. As informações dos governos são importantes e a imprensa, condicionada por suas empresas e por seus jornalistas, também. É nesse quadro que se inserem ONGs de peso internacional ou apenas nacional, como a Anistia Internacional, Médicos Sem Fronteiras, Human Rights Watch. Poderíamos também citar instituições religiosas ou entidades a elas ligadas. Além de agirem diretamente, em alguns casos pressionam Estados e organizações internacionais por políticas condizentes com os direitos humanos.

A relação entre essas organizações, os Estados e os órgãos internacionais vai ganhando complexidade. Discute-se até mesmo a institucionalização mais agressiva dessa relação, como o mostra o debate, até aqui apenas embrionário, sobre a criação de um quarto organismo na ONU, a assembleia das organizações da sociedade civil. Outro exemplo seria a sugestão apresentada por Schmitter e Trechsel (2004) visando constituir na União Europeia um Conselho/Assembleia da cidadania. O debate vem crescendo, mas está longe de qualquer conclusão. Um dos argumentos de alguns governos, como os dos países nórdicos, da Holanda, Alemanha, Suíça e do Canadá, é o de que as ONGs possuem maior liberdade e agilidade. Em alguns casos há sinergia entre políticas de governo e ONGs voltadas à defesa de direitos humanos.

Tal qual a intervenção humanitária, a assistência humanitária também é alvo de intensos debates quanto à sua legitimidade. Mesmo reconhecendo que a ação de ONGs não deve ser considerada neutra e desprovida de conexões políticas, cabe lembrar que, em muitos casos, a atuação das equipes de assistência tem sido prejudicada pela falta de cooperação dos Estados e pelo desrespeito aos princípios do direito humanitário pelos grupos em conflito. Isso pode ameaçar a segurança das pessoas que prestam ajuda humanitária, chegando até a inviabilizar seu trabalho, ficando elas "impedidas de levar socorro médico e sanitário a milhares de vítimas de conflitos internos como no Camboja, no Timor, no Burundi e na Etiópia ..." (Rodrigues, 2000, p.87). Envolvidos pela lógica da guerra, os governos ou seus antagonistas buscavam evitar que o outro recebesse socorro, visando com isso enfraquecer seus inimigos. Em diversos casos, as partes em conflito entendem que as ONGs e as organizações intergovernamentais (OIGs) não estão agindo de forma imparcial, mas tomando partido e, portanto, favorecendo o inimigo.

A partir dos anos 1990, o debate conceitual concentra-se em uma questão, a da relação entre direito de intervenção e de soberania. Longe de qualquer consenso, as posições favoráveis ao direito de intervenção acrescem seu peso. A ONU, mesmo aceitando situações em que não prevalece

DIVERSIDADE ÉTNICA, CONFLITOS REGIONAIS E DIREITOS HUMANOS

integralmente o direito de soberania, como foi o bombardeio da Sérvia, ou a guerra contra o Iraque, em 1991, nunca deixou de manter intangível o princípio da soberania nacional. Em questões de ajuda humanitária a organização especifica que essas ações continuam subordinadas à soberania dos Estados e até reconhece explicitamente que não podem ser impostas contra a vontade do Estado objeto da ação.

Conclusão

Ao longo do capítulo abordamos diversos estágios da construção dos direitos humanos, como os direitos de primeira, segunda e terceira geração. Os direitos de primeira geração, baseados na tradição contratualista liberal, buscaram garantir os direitos e as liberdades legais. Os direitos de segunda geração, considerados um legado do socialismo e do Estado de bem-estar social, são complementares aos direitos de primeira geração, e buscaram garantir a provisão de condições materiais para que as pessoas pudessem viver dignamente e exercer a cidadania. Os direitos de terceira geração, influenciados pela evolução do conceito de tolerância, foram criados após as tentativas de limpeza étnica do período pré-Nações Unidas, e tinham como intuito garantir o direito à diversidade e às particularidades de grupos étnicos, religiosos etc.

Relatamos o processo de codificação e asserção das gerações de direitos, concentrando-nos na ONU, mostrando a importância da Conferência de Viena de 1993, na qual, segundo alguns, os direitos humanos teriam atingido a universalidade.

Por fim, abordamos a proteção internacional dos direitos humanos. Tratamos da assistência humanitária, cujos princípios seriam os da busca de alívio ao sofrimento dos flagelados, verificando-se também o monitoramento e informação à comunidade internacional sobre violações aos direitos humanos. Tratamos também da intervenção humanitária, empregada a partir do momento em que o Estado não cumpre com suas funções básicas de proteção dos direitos humanos. Ambas não são alheias a interesses políticos e de poder. O objetivo foi introduzir conceitos sobre direitos humanos, essenciais para entender de que maneira a diversidade étnica relaciona-se com conflitos regionais e direitos humanos.

3 Conflitos étnicos e direitos humanos

Examinaremos agora a relação entre conflitos étnicos e direitos humanos. As correntes migratórias dos séculos XIX e XX, assim como o tráfico escravo dos séculos XVI, XVII e XVIII, criaram um mundo em que já não há Estados sem significativa mistura de povos, etnias e culturas. Em boa parte dos Estados, apesar de problemas, há convivência sem violência generalizada. O Brasil pode ser um exemplo. Outros vivem conflitos étnicos. Há Estados em que a diversidade étnica é incorporada graças a um esforço especialmente dirigido a isso. Em alguns, essa diversidade é o principal foco de tensão. Qualquer argumento simplista para explicar essa variação possui grande probabilidade de estar equivocado. Dizer que os conflitos ocorrem apenas em razão do ódio determinado pela diversidade ou por disputas de poder significa ignorar a complexidade desses fenômenos. O recurso à etnia como ideologia ou como apelo para legitimação e coesão de um grupo pode ser usado tanto para fins eleitorais quanto para a guerra. Porém, tratar a etnia apenas como ferramenta para atingir objetivos eleitorais ou para consolidar base social de apoio para a guerra, ou mesmo para buscar recursos de poder, é subestimar o apego que as pessoas efetivamente têm à sua identidade.

De acordo com Horowitz (1998), a variabilidade das questões envolvendo a etnia é enorme.

Em alguns Estados o conflito étnico desencadeia conflitos com outras clivagens; em outros ele coexiste com outros tipos de conflitos; em outros ainda o conflito étnico permanece sob controle. Em alguns Estados as atitudes interétnicas surgem como inerentemente hostis; em outros passaram por mudanças, benignas ou malignas. Em alguns Estados conflitos aparentemente sob controle tornaram-se incontroláveis; em outros o oposto é o verdadeiro. Em alguns Estados os partidos políticos têm base étnica; em outros coalizões multiétnicas se formaram. (Horowitz, 1998, p.4)

Exemplo de atitudes interétnicas inerentemente hostis são as existentes entre palestinos e israelenses. O caso da antiga Iugoslávia, da era Tito, representa situação de conflito sob controle que, em seguida, torna-se incontrolável. Há Estados em que o contrário ocorreu, como a África do Sul antes e depois do fim do *apartheid*.

Nos Estados Unidos os partidos políticos buscam apoio em todas as comunidades étnicas e representam em princípio uma coalizão multiétnica. Na busca de consolidação desse apoio, a política internacional é utilizada (Hobsbawm, 2002). Candidatos fazem promessas nas campanhas eleitorais e governantes ou legisladores tomam certas medidas internacionais visando angariar os votos das coletividades. A comunidade negra preocupa-se com a África, a irlandesa com a Irlanda e o IRA, os judeus e os muçulmanos com Israel e o mundo islâmico. Em Estados como Ruanda e Burundi os partidos políticos que monopolizaram o aparelho estatal tinham base étnica.

Nosso objetivo não será o de explicar por que tensões e conflitos ocorrem em um lugar e não em outro, mesmo porque os fatores são inúmeros. Apesar da variabilidade, é possível notar uma estrutura padrão nas escaladas das crises étnicas que levam aos conflitos violentos. Procuraremos identificar as características dessa estrutura que afetam negativamente os direitos humanos. Mostraremos como

DIVERSIDADE ÉTNICA, CONFLITOS REGIONAIS E DIREITOS HUMANOS

traços característicos das crises étnicas afetam conceitos fundamentais dos direitos humanos, como tolerância, solidariedade, legitimidade, autodeterminação e igualdade. Podemos distinguir dois cenários para pensar como as relações étnicas afetam os direitos humanos. No primeiro cenário, temos uma sociedade multiétnica na qual as relações entre os grupos e os indivíduos se dão sem grandes embates. No caso de estes ocorrerem, o Estado tem capacidade efetiva de processá-los e solucioná-los de maneira compatível com a preservação dos direitos humanos. Isso não significa a inexistência de violações desses direitos: é improvável que haja um Estado no qual os direitos humanos não sejam infringidos de algum modo. Nesse cenário, a sociedade como um todo confia no aparelho estatal para dirimir seus conflitos e representar seus interesses, sem que seja necessário recorrer à violência e à justiça com as próprias mãos. Podemos recorrer à ideia de Duroselle de forças profundas. Para ele, "acontecimentos que os governos não controlam deflagram as 'forças profundas'" (Duroselle, 2000, p.187), entendendo a expressão como uma pulsão. Se a sociedade confia, ao menos em parte, no aparelho estatal, se este tem um mínimo de legitimidade para dirimir seus conflitos, os acontecimentos, também eventuais conflitos étnicos, não se transformam em grandes embates. Se os governos, pelo contrário, não controlam ou não querem controlar os acontecimentos, têm portanto pouca capacidade de garantir a preservação dos direitos humanos. Então desencadeiam-se forças incontroláveis, as "forças profundas" das quais fala Duroselle.

A Figura 1 representa este primeiro cenário no qual o governo tem capacidade de impedir o desencadeamento dessas forças. Nela, triângulos, círculos e retângulos representam diferentes etnias que vivem em uma sociedade tolerante. Apesar de haver concentrações étnicas em espaços dessa sociedade, não há grandes tensões entre os grupos étnicos como tais e todos se veem como membros de uma mesma nação, isto é, vivem uma relação de solidariedade. As concentrações étnicas dão-se em espaços que podem significar alocações territoriais em bairros ou cidades, especializações em determinadas atividades produtivas, inclusive com distribuição assimétrica de classe e heterogeneidade na distribuição da riqueza. Mesmo havendo diferenças, o governo as administra de forma democrática, podendo haver representantes das etnias nas instituições públicas. O importante para caracterizar uma sociedade como tolerante é a existência de mecanismos para que nenhum grupo étnico seja marginalizado ou discriminado, garantindo-se a todos eles direitos iguais. Isso não implica necessariamente proporcionalidade de presença nas instituições públicas. Assim, o aparelho estatal administra demandas e conflitos de forma imparcial e igualitária, promovendo medidas para a inclusão social daqueles que não têm recursos para viver dignamente. Mesmo que algumas pessoas concentrem mais recursos do que outras (o que está representado pelo tamanho das figuras geométricas), não há a sensação de que os menos abastados sejam privados ou preteridos pelos outros grupos por razões étnicas. Portanto, no plano conceitual, as diferenças de classe não têm conexão com a etnia. Isso não significa que não haja conexão no mundo real. Mas significa que o Estado não a legitima, ao contrário, agiria para eliminar essa conexão.

No segundo cenário, que nos ajuda a pensar como as relações étnicas afetam os direitos humanos, o Estado perde ou negligencia a capacidade de dirimir os conflitos intraestatais que surgem, ou não está disposto a isso. Em outros termos, deixa de responder a demandas da sociedade ou de parte dela de maneira aceitável para todos e de acordo com os direitos humanos. Os indivíduos e os grupos passam a ver

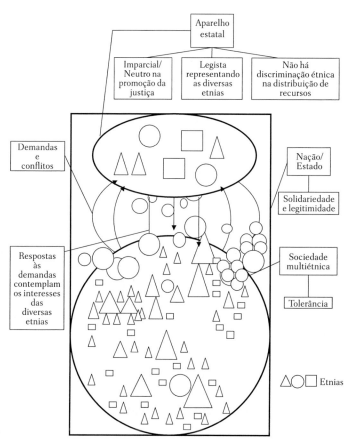

FIGURA 1

uns nos outros uma ameaça a sua existência e a seus interesses. Nesse caso a eliminação da ameaça passa a ter caráter prioritário. Seria uma volta a formas primitivas de vida, formuladas na filosofia política clássica por Hobbes (1983), identificadas com o estado de natureza. A possibilidade de uma solução negociada é inviabilizada pela falta de confiança no outro e porque a disputa, alçada ao nível étnico, toca na identidade, na dignidade das pessoas, mas paralelamente se afasta do campo da política, ou reduz o seu significado. A racionalidade não prevalece, ao menos a racionalidade como a entende Bull (2003), que é constituída por um terreno mínimo comum de valores. Podem-se identificar situações desse tipo nas relações entre a direita israelense e grupos fundamentalistas palestinos, ou em Kosovo, entre sérvios e albaneses.

Nesse tipo de cenário, negociar com outro grupo étnico, que se reconhece como nação, podendo ter o objetivo de um Estado separado, ou ainda de associar-se a outro Estado, pode ser entendido como curvar-se diante do inimigo, perdendo assim a dignidade. Dessa maneira vão se rompendo os valores e as normas fundamentais sobre os quais se fundamenta o regime internacional de direitos humanos, tal como foi constituindo-se historicamente e consolidando-se a partir da Declaração Universal dos Direitos Humanos de 1948 até a Declaração de Viena e Programa de Ação de 1993. Um dos argumentos que para alguns explicam a reiteração de situações de ruptura desses valores e do regime é que eles foram constituídos primordialmente sob influência de valores ocidentais, apresentados como universais em razão da assimetria de poder e da hegemonia, não tendo absorvido os outros sistemas de valores. O fato é que em alguns casos há incompatibilidade de valores, situações em que a única solução seria a política, que implica racionalidade, capacidade de aceitar perdas e ganhos. Um exemplo seria o de dois povos ou o de duas etnias que por razões ancestrais, históricas, religiosas disputam o mesmo território, julgando ter a ele direito inalienável. Para entender o segundo cenário, de perda ou negligência da capacidade de dirimir os conflitos internos ou de não disposição do Estado em promover os direitos humanos, é necessário conhecer a estrutura de um conflito étnico.

Etnicidade

Entre os estudiosos da etnicidade há um grande debate a respeito de sua definição e de suas características. Alguns autores apresentam três grandes perspectivas: primordialista, epifenomenalista e construtivista.

A perspectiva primordialista está baseada no argumento de que os grupos étnicos são, *a priori*, "unidades naturais que têm sua coesão derivada de inerentes traços biológicos, culturais ou raciais", que se tornam elementos de diferenciação social especificamente pela dicotomia "nós" e "eles" (Szayna, 2000, p.18). De acordo com essa perspectiva, "os grupos étnicos funcionam como universos insulares" (ibidem). O pertencimento a esses grupos é definido pelo acidente do nascimento e, a partir daí, a percepção de que se é um ser distinto dos "outros" vai sendo consolidada ao longo da vida. À medida que os indivíduos aprendem e exercitam sua cultura particular e se relacionam socialmente com os membros de seu grupo e com os de outros grupos, a comparação e a visualização das diferenças entre uns e outros marcam a percepção de distinção (Szayna, 2000).

A perspectiva epifenomenalista, de inclinação marxista, "nega que a etnicidade, como um fenômeno social, tenha qualquer base biológica inerente". Isso não quer dizer que essa perspectiva ignora a existência de diferenças sociais ou físicas resultantes de características biológicas ou culturais. Entretanto, essa perspectiva não trabalha com a hipótese de que tais diferenciações sejam capazes de produzir por si sós ações e efeitos. Para os epifenomenalistas "são as estruturas de classe e os padrões institucionalizados de poder na sociedade que são fundamentais para explicar eventos políticos, em detrimento de qualquer outra formação social baseada na biologia ou na cultura como a 'etnicidade'". Contrariamente à perspectiva primordialista, os epifenomenalistas entendem que as questões étnicas funcionam como uma espécie de neblina que encobre as lutas políticas e econômicas (Miles, 1984). A etnicidade sozinha é, "portanto, meramente uma aparência incidental, não é verdadeiramente causa geradora de nenhum fenômeno social, mesmo que geralmente possa parecer ser" (ibidem, p.21).

A terceira perspectiva é denominada construtivista. Derivada do pensamento weberiano, ela é baseada no argumento de que a etnicidade é real, mas construída (Szayna, 2000). Os grupos étnicos são

> aqueles grupos humanos que desfrutam de uma crença subjetiva de descendência comum por causa de similaridades físicas, culturais ou de ambas, ou por causa de memórias da colonização e migração. Essa crença deve ser importante para a propagação da formação do grupo; não importa se efetivamente há ou não um relacionamento de sangue.

Dessa maneira, os grupos étnicos podem existir como resultado de uma série de fatores que compõem um sentimento de solidariedade dentro de uma coletividade. Todavia, tal como propõe a perspectiva epifenomenalista, "sua simples existência não tem necessariamente nenhuma consequência para ação social" (ibidem, p.25). Isso, porém, não exclui a possibilidade de que os fatores que unem determinada coletividade possam ser direcionados para a ação social.

De acordo com Horowitz (1998), na prática, raramente trabalha-se com essas perspectivas de forma rígida, em geral aplicam-se definições mais maleáveis, de acordo com o objeto específico de estudo. Na definição de Szayna (2000, p.30),

> o conceito [de etnicidade] vincula três componentes cruciais: características diferenciadoras (qualquer e/ou todas das seguintes: fé, língua, fenótipos, origem, ou concentração populacional numa dada região), um sentimento de solidariedade grupal e contato com outro grupo para que se estabeleça a ideia de "outro".

Para o autor, a etnicidade pode ser definida como o sentimento de afinidade que é compartilhado pelos membros de um grupo. O pertencimento a esse grupo, por sua vez, parte do "mito" de ascendência comum e ao mesmo tempo de uma noção de distinção. O grupo étnico deve ser maior do que um grupo familiar, embora o sentimento de afinidade compartilhada, derivado do mito da ascendência, deva ser bastante parecido com laços de família, ainda que a ideia de ascendência não seja a única capaz de criar os sentimentos coletivos (Szayna, 2000).

De acordo com Moore (2002, p.2), os grupos étnicos possuem fronteiras linguísticas, raciais e/ou religiosas.

> Um grupo étnico, então, é um grupo que usa uma ou mais dessas categorias para distinguir-se dos outros – ou é distinguido de outrem por uma ou mais dessas categorias. Ou seja, um indivíduo pode ser membro de um grupo étnico via (1) autoidentificação, (2) ser tratado como tal por não membros do seu grupo, ou (3) em ambos os casos.

Hobsbawm (2002, p.78) afirma que a etnicidade

> no uso comum, é sempre ligada, de modo inespecífico, à origem e descendência comuns, das quais se alega se derivarem as características comuns dos membros do grupo étnico ... No entanto, a abordagem genética da etnicidade é abertamente sem importância, já que a base crucial de um grupo étnico, como forma de organização social, é cultural e não biológica.

As definições e atribuições das características étnicas mostram a complexidade dos temas a elas relacionados. Em nosso objetivo de discutir diversidade étnica, conflitos por ela gerados e seus impactos para os direitos humanos, o que é mais importante é captar a realidade de suas consequências políticas, seja no plano interno de países, seja pelos efeitos desestabilizadores regionais. A falta de consenso nas definições não mina sua importância no debate dos grandes problemas do século XXI. Conhecer a estrutura do conflito étnico é necessário para explicar a perda ou a negligência na capacidade de dirimir os conflitos internos e mesmo a falta de disposição do Estado em promover os direitos humanos.

Conflitos étnicos

O extenso debate em torno da definição de etnicidade também ocorre entre aqueles que procuram teorizar sobre os conflitos étnicos. Horowitz (1998) descreve as dez teorias mais conhecidas sobre o tema e afirma que há outras ainda. A despeito da variedade, o autor ressalta que elas podem ser classificadas em "visões duras" e "visões brandas". Os adjetivos "duro" e "brando" referem-se à natureza das afiliações grupais e às maneiras como esses grupos conduzem os conflitos.

As visões duras entendem que os grupos étnicos são coletividades duráveis, caracterizadas por forte sentimento de comunidade e considerável lealdade. Os membros desses grupos são recompensados afetivamente por sua lealdade e são tendenciosamente etnocêntricos, hostis e desejosos de dominar outros grupos. São bastante sensíveis às causas étnicas, deixando-se levar pela paixão e chegando a se sacrificar pela causa do grupo.

As visões brandas entendem que os grupos étnicos são coletividades que possuem fronteiras maleáveis. A solidariedade dos membros é baseada nas recompensas materiais que eles recebem, ficando reservado um papel menor para a afetividade. O comportamento dos membros e do grupo em si é direcionado pelo interesse material, o que os torna passíveis de manipulação estratégica, isto é, os membros e o grupo podem ter fidelidades intercambiantes, mutáveis ao longo do tempo. As ligações aparentemente afetivas são, no fundo, resultado de cálculos de custo/benefício. Os conflitos nos quais esses grupos se envolvem raramente produzem posições irreconciliáveis e com frequência deixam espaço para um fim negociável.

Colocando frente a frente as posições dura e branda com o objetivo de melhor compreender suas divergências, percebemos que a primeira considera o amor e o ódio, a segunda considera os cálculos diretos. A primeira analisa a espontaneidade do comportamento, influenciada pelo afeto entre os membros do grupo, isto é, as paixões têm peso significativo. A segunda analisa a instrumentalização e a racionalidade em cada situação. A perspectiva dura baseia-se no exame dos sentimentos altruístas e no desejo das pessoas de se sacrificarem pelo grupo étnico. Já a perspectiva branda procura fragmentar os grupos étnicos, buscando descobrir os reais objetivos das pessoas que compõem determinado grupo e descobrir como os líderes procuram instrumentalizar o comportamento de seus seguidores. Se a importância atribuída aos líderes é maior na visão branda, o comportamento e os sentimentos das coletividades são mais significativos na visão dura.

Poucas vezes as posições aparecem exatamente na forma como as apresentamos. Apenas alguns casos se encaixam nessas posições, dura ou branda, sem ressalvas. Elas devem ser consideradas tipos ideais, como referências: "Essas são posições duras e brandas no sentido de que a primeira vê as afiliações étnicas como feitas de pedra, enquanto a segunda as vê como feitas de barro" (Horowitz, 1998, p.2).

É possível fazer uma análise rigorosa de determinado conflito étnico, desconsiderando as paixões e procurando deixar de lado os sentimentos, por serem variáveis difusas, buscando ater-se estritamente aos princípios da racionalidade. Ao mesmo tempo, é razoável haver certa sensibilidade aos discursos, manifestações populares e relatos de ações que podem ser colhidos nos conflitos étnicos, creditando ao amor, ao ódio e à dignidade alguma causalidade. Horowitz afirma que "Nem a visão de que a etnicidade é impermeável à razão, nem a visão de que conflitos étnicos resultam somente das consequências subótimas do comportamento racional dos atores pode ser sustentada" (Horowitz, 1998, p.22). É fundamental para a análise política considerar que, quando o conflito entre grupos étnicos desencadeia-se, racionalidade e paixão estão profundamente ligadas e, justamente pelo potencial de fidelidade que apresentam e pela flexibilidade de objetivos que podem comportar, a mobilização em torno da etnia torna-se uma arma poderosa. Quando as reivindicações de cada grupo tornam-se inconciliáveis e a crise é alçada ao nível de "conflito étnico", ou seja, quando existe o emprego de violência em larga escala sob a bandeira da etnicidade, ocorrem fenômenos como a monopolização étnica do Estado e dos recursos de poder. Ocorrem também a polarização da sociedade e a quebra da legitimidade do Estado para pelo menos uma parte da população. Nesse cenário, há o rompimento dos elementos fundamentais com base nos quais foram erigidos os direitos humanos. Passa-se à situação em que as condições para o exercício e o gozo dos direitos e liberdades fundamentais, ao menos de acordo com a perspectiva elaborada ao longo de décadas pela ONU, encontram-se extremamente deterioradas.

A mobilização étnica

Por que os grupos étnicos se mobilizam? A resposta parece evidente: porque juntos os seres humanos possuem mais força e legitimidade para atingir seus objetivos. "Grupos étnicos e comunitários ... são, muitas vezes, fortemente organizados enquanto tais – principalmente em Estados novos, através de partidos políticos e grupos de pressão que são, de fato, porta-vozes dos interesses étnicos" (Hobsbawm, 2002, p.185). Nos Estados onde as liberdades estão garantidas, parece prevalecer a ideia de que a ação de grupos étnicos pode voltar-se à busca dos próprios direitos, de sua identidade, mas não debilitando o Estado, ao contrário, identificando-se

DIVERSIDADE ÉTNICA, CONFLITOS REGIONAIS E DIREITOS HUMANOS

com ele. Isso vale para grupos étnicos de origem migrante ou escrava, como nos Estados Unidos e no Brasil. Havendo liberdade, os grupos étnicos cuja origem é uma nacionalidade, ao mesmo tempo que buscam preservar sua identidade, têm fidelidade ao Estado no qual estão inseridos, a exemplo dos zulus na África do Sul .

Em sociedades onde há tensão étnica e as possibilidades de desenvolvimento são limitadas, grupos étnicos tendem a concentrar recursos dentro de sua própria coletividade, privando outros grupos de ter acesso aos mesmos recursos. Para evitar isso, seria necessário "barganhar para que o grupo partilhe dos recursos disponíveis no Estado, contra outros grupos, defendendo seus protegidos contra a discriminação e, em geral, maximizando as chances de seus membros e minimizando suas desvantagens" (Hobsbawm, 2002, p.184).

A concentração de recursos, de acordo com seu nível de gravidade, é fator desencadeante de guerras civis ou regionais. Em Estados pobres, ter emprego em órgão público pode significar a única maneira para uma vida melhor. Uma vez que os melhores empregos e oportunidades surgem para os mais educados, grupos étnicos rivais procuram, no limite, monopolizar as instituições e os meios de ensino. Em alguns casos, o fato de ser alfabetizado significa privilégio. Pode ocorrer de o critério utilizado para distribuir vagas e prover acesso aos meios educacionais ser a etnia, ou haver regras reprodutoras de iniquidade. Em alguns casos, regras estabelecidas em nome de um ideal nacional comum levam a que o ensino seja ministrado apenas na língua do grupo dominante. Situações parecidas podem ocorrer em outros aspectos: possibilidade de integrar ou não a polícia e o Exército, facilidade de emprego, acesso a benefícios de reforma agrária, ao crédito, à assistência social, à administração pública. Kaldor (2001, p.98) acredita que em determinados conflitos étnicos chega-se à situação-limite na qual o grupo dominante considera que "todos os demais devem ser eliminados". Para evitar a própria destruição, seria necessária, em uma perspectiva branda, a adesão ao grupo dominante.

A ocorrência do fenômeno da monopolização das instituições e dos recursos de acordo com critérios étnicos é clara violação aos direitos humanos. Constitui prática discriminatória, viabilizando situação de oportunidades desiguais de acesso aos recursos necessários para o desenvolvimento. Põe limites à expressão das particularidades culturais e denota falta de unidade e níveis altos de intolerância da sociedade, que dificilmente pode ser chamada de nação. Disso deriva a intersecção complexa entre questão étnica e questão nacional. Como analisado por Marshall e Gurr (2003), frequentemente o fim dos conflitos deu-se pela maior autonomia do grupo insurgente, ou pela imposição do tema nacional que em poucos casos levou à secessão e à constituição de um novo Estado. Mesmo havendo motivações para o conflito étnico, portanto razões políticas e morais, a mobilização, segundo Moore (2002, p.4), tem necessidade de um centro aglutinador: a "política étnica, como *toda* política, é dirigida pela mobilização (isto é, a habilidade dos líderes de guiar seus seguidores). Não há nada de automático na mobilização étnica".

Kaldor (2001, p.76) recorre à expressão "políticas de identidade" para se referir aos movimentos que se mobilizam ao redor de identidades étnicas, raciais ou religiosas com o objetivo de reivindicar o poder estatal.

> Eu uso o termo "identidade" para me referir diretamente a uma forma de rótulo. Se estamos falando de conflitos tribais na África, conflitos religiosos no Oriente Médio ou no Sul da Ásia, ou conflitos nacionalistas na Europa, a característica comum é a maneira na qual os rótulos são usados como base para reivindicações políticas. (Kaldor, 2001, p.76)

DIVERSIDADE ÉTNICA, CONFLITOS REGIONAIS E DIREITOS HUMANOS

A etnia, como outros fatores que podem caracterizar um grupo, é utilizada para legitimar reivindicações coletivas, como o são a classe e a nação. Do mesmo modo que as duas últimas, não se trata apenas do "rótulo" a que se refere a autora. Além de ser um argumento em torno do qual se visa mobilizar um grupo, a etnia responde a realidades materiais. Em muitos casos, a percepção de falta de dignidade leva uma etnia ou uma nação à mobilização, à insurreição, à guerra, a exemplo dos palestinos.

Recorrendo criticamente ao estudo de Sznaya (1997), que divide o processo de mobilização étnica em passos, buscamos entender os possíveis caminhos do confronto étnico. O primeiro passo tem em conta observar como os recursos de poder são distribuídos entre os grupos étnicos no Estado estudado. Isso possibilitaria dizer se há movimentações que podem alterar o equilíbrio de poder na sociedade. As mudanças que ameaçam alterar em curto prazo os padrões estabelecidos são as importantes. Essa observação visa identificar como os grupos étnicos reagem às mudanças que irão abalar o *status quo*, criando um desequilíbrio que justificará o conflito. Os campos de maior importância para a observação de possíveis alterações no equilíbrio de poder doméstico seriam o político, o econômico e o social. Embora seja correta essa afirmação, ela é insuficiente. Ao não ter em conta os fatores intersubjetivos, subestima os culturais e as percepções. Isto é, não considera como os grupos podem perceber-se em situação de perda de dignidade.

O segundo passo busca identificar a promoção, pelo Estado ou por grupos não estatais, de "eventos típicos" que visam à mobilização do grupo.

Eventos típicos são simplesmente quaisquer eventos públicos notáveis que aumentam as sensibilidades dos grupos, reforçam crenças na própria identidade do grupo, e desencadeiam espirais de expectativas compartilhadas sobre a resistência coletiva à ordem estabelecida. (Sznaya, 1997, p.44)

Esses eventos confirmam ou justificam medos e ódios, reais, latentes, imaginários, que poderiam evoluir para as tensões e os conflitos. Eventos típicos têm diferentes origens, têm causas políticas, econômicas e sociais, mas podem ter origem em fatos culturais e simbólicos. Em ambas as situações ganham materialidade mediante fatos. Manifestações islâmicas contra os Estados Unidos podem ser analisadas como eventos típicos desencadeadores de ações políticas. Os atos públicos dos dirigentes sérvios para manter o controle sobre Kosovo também podem ser considerados evento típico que levou ao conflito com os albaneses.

Pode haver "empresários de identidade" articulando os "eventos típicos". Essas pessoas seriam capazes de catalisar e direcionar sentimentos e interesses dos grupos nacionais e étnicos, enfim, as forças profundas de uma coletividade para objetivos específicos. Para o autor, os objetivos seriam particulares aos empresários de identidade; esses sentimentos seriam desencadeados de acordo com seus projetos políticos. Nas pesquisas de opinião pública e na análise da literatura, verificamos que, diferentemente do que propõe Sznaya (1997), os interesses que levam ao que ele chama de eventos típicos podem também ser resultado da vontade coletiva de grupos nacionais ou étnicos. Nesses casos, a ação que pareceria ser de líderes reflete uma vontade coletiva. Sharon em Israel, ao desencadear ações punitivas e mesmo assassinatos de dirigentes palestinos, reflete a vontade de uma parte de seu povo. Por outro lado, a posição de Arafat, presidente da Autoridade Palestina, aquiescendo às ações que vitimam a população civil de Israel, também reflete a posição de uma parte de seu povo. Pode-se dizer que há situações em que o "empresário de identidade" tem papel específico e há outras em que as lideranças, mesmo recorrendo a ações que violam claramente os direitos humanos, refletem a vontade de grupos significativos.

Alves, ao discutir a situação nos Bálcãs, ilustra a figura que poderíamos chamar de "empresário de identidade". Ele lembra que "grande parte dos líderes ultranacionalistas balcânicos da década de 1990 eram, como a maioria dos heróis do século XIX, cultivados". A ideia de "Grande Sérvia" tem origem no período das grandes lutas nacionalistas da Europa Central e Oriental do século XIX. Para Alves, boa parte dos líderam eram pessoas cultas, poetas, jornalistas, advogados, médicos e outros profissionais de nível superior. Se agiram de forma tão brutal há pouco, ainda segundo o autor, é porque "tinham carisma e condições para manipular frustrações, dirigindo-as a antagonismos que lhes eram convenientes" (Alves, 2004, p.5).

Na perspectiva de Sznaya (1997), a capacidade de liderança e de organização são atributos dessas pessoas e dos grupos que as cercam. Estes direcionam a ação dos membros para a causa étnica, o que inclui providenciar recursos para as ações. Os métodos por eles utilizados para canalizar a ação dos grupos étnicos podem variar bastante, desde o carisma até infundir o medo de retaliação contra os que não agirem de acordo com a causa "do grupo". Desse modo, podemos apontar como terceiro passo a observação da existência do "empresário de identidade" e como quarto passo sua capacidade de canalizar as forças do grupo étnico para objetivos particulares ou coletivos.

Mesmo reconhecendo o papel do interesse particular dessas pessoas e grupos a elas diretamente ligados, não pode ser ignorada ou subestimada a origem histórica e material de muitos dos conflitos, que podem ter causas que envolvem grandes comunidades e não apenas líderes carismáticos. Goldstein e Keohane (1993, p.7) afirmam que, nas relações internacionais,

o impacto de crenças particulares – compartilhadas por um grande número de pessoas – sobre a natureza de seus mundos tem implicações para a ação humana. Tais crenças vão desde princípios morais gerais até acordos sobre um modo específico de aplicar o conhecimento científico.

Isto é, sentimentos e valores que conformam vontades nacionais e étnicas alcançam força concreta e buscam justificativa. Talvez, diferentemente do racionalismo que produziu importantes correntes de pensamento, como o positivismo, a escolha racional, a teoria dos atores racionais, a teoria dos jogos etc., as questões étnicas tenham explicações que não se conjugam com a compreensão da política tal como o Ocidente a vê. Aqui afirmamos como o Ocidente a vê, porque, nos fatos, ele também é palco de irracionalismos que escapam ao jogo da política *stricto sensu*. Assim, podemos compreender os nacionalismos e os conflitos étnicos como parte da política, mas não dissociada de sentimentos e de subjetivismo.

O quinto e último passo, de acordo com o modelo de Sznaya (1997) para entender a mobilização étnica, é observar a possibilidade de ajuda externa. Como dissemos, em alguns casos, as fronteiras políticas dos Estados, sobretudo na África, não correspondem às disposições geográficas dos grupos étnicos. Os "irmãos étnicos" localizados em outros Estados podem fornecer apoio, retórico e/ou material, ao grupo em mobilização. Estados podem achar conveniente apoiar grupos étnicos "subversivos" em outros países com o intuito de enfraquecer esses últimos, praticando a razão do Estado. Sem dúvida os interesses existem, mas eles podem ter raízes profundas na história. O grupo étnico não é apenas uma abstração, tem bases materiais. Laços familiares, linguísticos, de costumes existem entre curdos que vivem em vários Estados, ou entre armênios. Do mesmo modo entre judeus vivendo em muitos lugares, ou árabes distribuídos em muitas regiões. Portanto, esses laços podem motivar o apoio, que ocorreria de diversas formas: assistência financeira, logística e técnica, até apoio diplomático. No Congo, por

DIVERSIDADE ÉTNICA, CONFLITOS REGIONAIS E DIREITOS HUMANOS

exemplo, dezenas de milhares de pessoas já foram mortas no conflito entre grupos étnicos, alguns destes apoiados por Ruanda e Uganda (Amnest y International, 2004).

A discussão do modelo de Sznaya (1997) não explica por que alguns grupos utilizam a violência e outros não. Sua relevância está em mostrar que a mobilização étnica é sensível tanto a fatores sentimentais quanto a cálculos racionais. Nossa insistência nas razões históricas, emotivas, culturais, intersubjetivas, mesmo irracionais, e nas forças profundas deriva de seu crescente peso nos conflitos regionais e étnicos nas violações de direitos humanos.

Polarização da sociedade

A mobilização étnica muitas vezes é expressão de luta por direitos humanos. Por exemplo, a dos negros na África do Sul contra o *apartheid*. A luta pelos direitos humanos e por sua preservação beneficia-se da liberdade de associação política, do direito de reunião para cultos, ritos e manifestações culturais. Basta lembrar sociedades onde minorias se organizam para obter força política, sem necessariamente recorrerem a meios violentos generalizados, como os negros ou hispanos nos Estados Unidos. Em outros casos, a mobilização, quando não encontra aberto o caminho institucional, a tolerância, a democracia, toma formas reativas, que podem levar à violência generalizada. Em sentido inverso, a violência é utilizada para manter a opressão, para manter privilégios, dessa forma evitando a universalização dos direitos.

Uma vez mobilizados, os grupos étnicos possuem um alto grau de coesão. "Grupos étnicos parecem levar as questões mais além" e parecem manifestar mais lealdade do que outros tipos de grupo, a ponto de "se sacrificarem pelo interesse coletivo" (Horowitz, 1998, p.15). Embora suas fronteiras não sejam impermeáveis, imutáveis ou imortais, a mobilização em termos étnicos é interessante em situações de conflito por possibilitar a dicotomia "nós *versus* eles". Ao se mobilizarem, os grupos tendem a ressaltar as características da sua etnia perante outros grupos, aludindo a noções de superioridade e inferioridade. Isto pode tocar na dignidade dos outros, o que dota as fronteiras étnicas de rigidez, polarizando a sociedade entre "nós" e "eles". A polarização da sociedade é fundamental para construirmos o segundo cenário.

Kaldor (2001, p.85) observa:

> As novas formas de políticas de identidade são geralmente tratadas como um retorno ao passado, um retorno a identidades pré-modernas temporariamente deslocadas ou suprimidas por ideologias modernizantes. ... buscam na memória e na história de certas sociedades onde as tradições culturais estão mais ameaçadas e mais suscetíveis às novas políticas ...

Os eventos típicos contribuiriam para provocar a sensibilidade de um grupo para que se possa mantê-lo coeso e dirigi-lo para a ação. Em situações de conflito, o ódio e as ideias de perigo que o "outro" representa são disseminados de diversas formas. O problema é que "quanto maior o sentimento de insegurança, maior a polarização da sociedade, menor é o espaço para políticas integrativas alternativas" (Kaldor, 2001, p.84). Quer dizer, quanto mais a sociedade se polariza, menores são as possibilidades de desenvolvimento de solidariedade e tolerância necessárias para o convívio num Estado capaz de proteger os direitos humanos.

A noção do perigo que o "outro" passa a representar é especialmente importante porque desencadeia dilemas de segurança entre os grupos étnicos. Como confiar no outro? Como saber se o outro se aproxima para negociar a paz efetivamente ou se pretende ganhar tempo para me destruir?

DIVERSIDADE ÉTNICA, CONFLITOS REGIONAIS E DIREITOS HUMANOS

As pessoas sentem nos membros de outras etnias uma ameaça potencial a seus interesses e à sua vida. Em grande parte isso é devido às atrocidades cometidas (em alguns casos propagandeadas) nos conflitos, que acabam por perpetuar o medo e o ódio na mente dos indivíduos. Sem dúvida, é esse o caso de israelenses e palestinos.

O Estado, por ineficiência, negligência ou deliberadamente deixa de promover relações estáveis e de garantir as particularidades dos grupos e das pessoas. Observemos algumas narrativas do conflito que ocorre no Sudão (Human Rights Watch, 2004), palco de rivalidade étnica entre "árabes" e "africanos/negros":

"Os homens a cavalo mataram os meus pais", queixa-se ela [uma garota de quinze anos], referindo-se aos Janjaweed, os bandos de combatentes árabes ... Os Janjaweed viajam montados em camelos e cavalos e usam armas automáticas contra aqueles que cruzam o seu caminho ... A rivalidade árabe-africana foi fomentada por muito tempo nesta região, e a arma mais implacável tem sido os combatentes Janjaweed a cavalo, que não respeitam nenhum código de guerra. Enquanto os invasores [Janjaweed] saqueiam e incendeiam as casas, os aldeões pegam tudo aquilo que conseguem levar e fogem ... Fatima Ishag Sulieman, 25, não teve tempo de fugir. Ela estava na cama quando os Janjaweed chegaram. Dois homens entraram na sua cabana. Eles a espancaram e a estupraram em frente à sua família. (Lacey, 2003)

O caso do Sudão ilustra o que pode significar a noção do perigo que o "outro" representa. É compreensível que a ameaça que os Janjaweed significam para os "africanos/negros" que sofreram suas ações os impeça de conviver pacificamente com os "árabes" em uma mesma sociedade, como faziam até 2001. A disputa sobre as áreas próprias para o cultivo agrícola é apontada como um dos motivos para o conflito (Human Rights Watch, 2004). Contudo, não se podem ignorar as imagens que esses conflitos produzem.

Outro fato que leva à polarização é a tendência ao monopólio étnico dos recursos de poder. As etnias estando em conflito, cada grupo procurará dispor de mais recursos de poder para viabilizar sua causa, ao mesmo tempo que procurará restringir o acesso dos outros. Não é necessário que haja conflito violento entre etnias para que exista a propensão à monopolização dos recursos. Esta pode ocorrer em Estados onde não há conflito étnico aberto, sem que a população preterida deseje lutar contra isso, mas também pode ser o motivo que mobiliza uma coletividade para a ação, como, por exemplo, a privação de oportunidades econômicas.

Sznaya (1997), recorrendo a Weber, sintetiza como o conflito étnico pode dar-se tanto no sentido da exclusão, de cima para baixo, o que pode interessar a quem controla o Estado, quanto no sentido da usurpação, entendida aqui como a busca de ganhar espaço por parte dos que estão em posição de subordinação e procuram ascender.

> Ambos os modelos representam maneiras de mobilizar poder para aumentar ou defender a parcela de recompensas ou de recursos de um grupo. Como a luta por poder é constante em qualquer sociedade, a justificativa para a exclusão, conforme incorporada em várias formas de *closure* (fechamento social), está sempre aberta ao desafio, e a arena pública continuamente testemunha esforços para tornar as fronteiras entre dominantes e dominados ou mais obscuras ou mais transparentes, legítimas ou ilegítimas. E uma vez que o Estado é quem racionaliza os termos legais de *closure* e dominação, ele se torna a arena central onde os processos de exclusão ou usurpação ocorrem. (Sznaya, 1997, p.32)

Há casos em que o monopólio étnico do aparelho estatal não é mais suficiente para a manutenção de um grupo dominante no poder, ou se tornou inviável em função de pressões para democratização e liberalização do Estado. Nesses casos, diante da possibilidade de mudança na distribuição dos recursos internos, isto é, dos privilégios e da posição

DIVERSIDADE ÉTNICA, CONFLITOS REGIONAIS E DIREITOS HUMANOS

dominante de alguns grupos, configurando-se assim um abalo no equilíbrio de poder, práticas como o genocídio e a limpeza étnica são estratégias utilizadas para, quando levadas ao extremo, homogeneizar etnicamente a sociedade. Essas práticas dificilmente são concretizadas de maneira isolada de motivações que incluem fatores intersubjetivos. Esses movimentos ferem os direitos humanos em vários graus, desde a dissuasão de manifestação cultural, pois nesta o indivíduo é discriminado, passando pelas restrições postas à autodeterminação até os atentados sistemáticos contra a vida. Procura-se eliminar a ameaça que o "outro" representa, o que mostra a fragilidade e mesmo a inadequabilidade das instituições de determinados Estados para fazerem valer os direitos humanos.

Essas estratégias, ainda que não visem eliminar completamente o inimigo, são utilizadas como terrorismo tanto pelos grupos dominantes, para impor a aceitação do *status quo* aos grupos desafiantes, como por estes últimos para mostrar até onde estão dispostos a ir pela causa étnica ou nacional e para mostrar também que o grupo dominante não é invulnerável. Segundo Saint-Pierre (2003, p.148),

> o fundamento do terror não é a morte ou o aniquilamento, mas a insegurança que provoca a certeza da vulnerabilidade ante o acionar terrorista. O fundamento do terror é o sentimento inequívoco de desamparo ante a vontade do terrorista.

É verdade que, em um conflito étnico, nem sempre há ruptura total com os direitos humanos, nem que esta se estenda para todo o território do Estado. Porém, com a polarização da sociedade em grupos étnicos rivais e as tentativas de eliminação do outro, como mostraremos na Figura 2, o Estado não consegue ou não quer garantir que esses direitos sejam exercidos de maneira pacífica, legítima e institucionalizada.

Entre as estratégias utilizadas para eliminar os possíveis oponentes ou instaurar o terror, destacam-se (Kaldor, 2001):

- Assassínio em massa de membros de outras etnias, como ocorreu em Ruanda. Nesse caso, a elite hutu, que dominava o aparelho estatal, buscava obter a reprodução do próprio poder pela coesão que se daria pelo apoio do restante da população hutu (mais de 80% do país). Seu objetivo era justificar a própria permanência no poder, alegando o perigo e a necessidade de eliminar os tútsis e os hutus moderados, considerados traidores.

- Limpeza étnica, ou seja, expulsão de determinado território daqueles pertencentes a diferentes etnias pela força ou coação, como na Bósnia-Herzegovina. Em um episódio, os sérvios bósnios, que queriam criar um corredor étnico da Sérvia até Krajina, na Croácia, expulsaram os não sérvios em Prijedor, na Bósnia. Durante a expulsão as pessoas "eram forçadas a custear sua própria 'limpeza étnica' pagando taxas de transporte para a 'Cruz Vermelha' local e eram perturbados, roubados e ameaçados enquanto esperavam os ônibus que os levariam ..." (Human Rights Watch, 1997).

- Tornar certa região inabitável, o que pode ser feito de diversas maneiras: explosões intermitentes e sem distinção de vítimas em locais amplamente povoados; cortar linhas de comunicação e impedir que suprimentos cheguem a determinadas localidades; impedir as pessoas de trabalhar; ultrajar a memória e os costumes locais, destruindo os locais de culto religioso ou marcos históricos; estupro e abuso sexual em lugares públicos. A ação dos Janjaweed no Sudão é um exemplo. "Da mesma forma que vários outros aldeões, Hassan está se preparando para passar um longo período no acampamento [de refugiados]. Segundo ele, a sua vila vazia continuará deserta por muito tempo. 'Eu talvez tenha que ficar aqui para sempre', afirma, com um ar sombrio. 'Há muitos Janjaweed por aí'" (Lacey, 2003). Outras maneiras são explosões de pessoas-bomba em ônibus em Israel, dinamitar casas de palestinos nos territórios ocupados de Gaza e da Cisjordânia.

As causas para a promoção das estratégias que levam à polarização da sociedade estão embebidas em razão e paixão, em maior ou menor grau. Kaldor (2001), que prioriza a racionalidade, entende que os conflitos contemporâneos fundem-se a questões étnicas por conveniência. Os conflitos seriam travados sob a bandeira da identidade, mas suas verdadeiras causas estariam ligadas à manutenção ou à conquista do poder. Empresários de identidade utilizar-se-iam da etnicidade e de suas características, como a coesão e, principalmente, a possibilidade de polarizar a sociedade entre "nós" e "eles", para liderar grupos capazes de manter sua posição dominante, ou que os ajudem a usurpar o poder. Uma vez polarizada a sociedade, o grupo étnico não alinhado ao grupo dominante significaria um opositor, um secessionista ou um subversor potencial, ou seja, uma ameaça aos interesses e à vida do grupo étnico dominante. Nessas condições, pertencer à etnia dominante pode garantir privilégios e recursos, enquanto ser membro de outra etnia pode representar marginalização e até o perigo de extinção.

Há também aqueles que analisam conflitos que possuem traços étnicos da perspectiva das coletividades, sem atribuir a empresários de identidade os rumos dos conflitos. Hassassian (2001), ao pensar o processo de paz na questão

Israel-Palestina, conclui que a insegurança é um dos principais fatores que levam à polarização entre "os israelenses" e "os palestinos". A evolução histórica do conflito, as sucessivas guerras e os diversos atentados impregnaram os dois povos de sentimentos de desconfiança e insegurança que dificultam o andamento dos processos de paz. É certo que muitos impasses têm como pano de fundo interesses geopolíticos e geoeconômicos, mas o sentimento e a vontade das coletividades são apontados como essenciais para acabar com a polarização e construir a paz.

O fato é que os conflitos étnicos têm como característica a criação de ambientes nos quais as pessoas não possuem o mínimo de segurança e tranquilidade, a não ser que sejam fiéis a determinados grupos. Quanto mais a sociedade se polariza e recorre à violência para atingir seus objetivos políticos, mais a estrutura do Estado se desgasta, o que leva a um processo de falência do próprio Estado.

O conflito étnico provoca a perda do monopólio legítimo da violência. À medida que o governo vai perdendo a confiança de pelo menos uma parte do povo, os grupos passam a se armar e a organizar milícias para se defender, fazer justiça e atingir seus objetivos com suas próprias forças – processo inverso ao da formação do Estado moderno. Alcançado esse estado de desordem, a arrecadação fiscal do governo cai substancialmente, inviabilizando suas funções básicas de promoção de justiça, saúde, educação etc., pois o governo concentra recursos em outras áreas (Kaldor, 2001). Ao avançar a falência do Estado, aumenta a privatização da violência e deixa de existir a função estatal de promoção e garantia dos direitos humanos de primeira, segunda e terceira geração.

Privatizada a violência, o Estado perde funções essenciais, inclusive as aprimoradas pela evolução dos direitos humanos, isto é, não se pode contar com sua eficiência nem

DIVERSIDADE ÉTNICA, CONFLITOS REGIONAIS E DIREITOS HUMANOS

com sua pretendida neutralidade para garantir a liberdade e os direitos fundamentais das pessoas. Nesse caso há quebra de legitimidade e o Estado perde a capacidade de resolver as disputas internas. A violência passa a ser usada pelos grupos em conflito – muitas vezes pelo aparelho estatal – e não mais por uma instituição reconhecida como legítima por todos. A mediação dos conflitos pelas instituições deteriora-se, podendo até extinguir-se. Nos conflitos étnicos, como em outros tipos de conflitos domésticos, "o monopólio legítimo da força foi quebrado. E o que é crucial não é a privatização da violência em si, mas a quebra de legitimidade" (Kaldor, 2001, p.115). A legitimidade do Estado é fundamental, ela sustenta a ideia de que as pessoas não precisam recorrer à violência.

Quando os grupos étnicos veem legitimidade no Estado, este funciona como o âmbito no qual o diálogo pode resolver suas disputas. Ao haver conflitos étnicos, a negociação que busca a superação destes tem como foco a reconstituição da legitimidade do Estado, incorporando membros das etnias em conflito e até observadores internacionais. Em outros casos, quando a polarização da sociedade alcança níveis insuportáveis, surge como solução possível a secessão.

No plano individual, a polarização e o monopólio étnico dos recursos de poder criam sentimento de insegurança e ideia de ilegitimidade. À medida que as tensões vão se agravando, os indivíduos se apegam a instituições alternativas que parecem fornecer-lhes segurança, em geral fornecidas pelas partes em conflito, o que cria uma espiral que reforça a polarização, reduzindo-se inteiramente o papel mediador do Estado. Os grupos de oposição ao governo procuram alterar o *status quo*, utilizando qualquer meio possível, enquanto os grupos dominantes procuram mantê-lo, recorrendo do mesmo modo a todos os meios possíveis, inclusive ao aparelho estatal.

Nesse estágio, a sociedade claramente se tornou intolerante e a nação deixa de fazer sentido, pois não há razões para solidariedade. A polarização torna-se mais rígida e mais difícil de se desfazer, visto que o conflito entre os grupos não é apenas relacionado a objetivos políticos ou econômicos, mas relaciona-se com sentimentos de ódio e com o medo de ser exterminado pelo outro. Nesse ponto, a adesão ao grupo étnico confunde-se com a defesa da dignidade individual e coletiva. Qualquer tentativa de negociação, que implica trocar algo por alguma coisa, ceder algo para obter outra coisa, passa a ferir a dignidade dos grupos. O simples diálogo com membros de outra etnia pode ser suficiente para considerar alguém um traidor. Uma determinada forma de entender a política deixa de existir.

Esse é o cenário em que há ruptura com os valores e normas fundamentais dos direitos humanos, conforme mostramos na Figura 2. Os membros dos grupos étnicos mobilizam-se em torno da etnicidade e polarizam-se, separam-se. Nem todas as pessoas ou mesmo nem todos os grupos mobilizam-se. Nesse processo a sociedade deixa de ser tolerante, cada grupo ressaltando suas particularidades de forma discriminatória. Envolvidos pela lógica de soma zero, na qual o ganho de um significa a perda do outro, os grupos buscam concentrar a maior parte dos recursos possíveis, barrando o acesso dos outros grupos a esses recursos. O mesmo ocorre com o aparelho estatal, que os grupos procuram dominar para utilizar de acordo com seus próprios objetivos, por exemplo, eliminar o grupo étnico rival. As demandas e os conflitos da sociedade deixam de ter no Estado um árbitro imparcial, a legislação deixa de ser representativa dos interesses dos diversos grupos étnicos e deteriora-se a igualdade. As pessoas de diferentes etnias deixam de se ver como membros de uma única nação, rompendo os laços de solidariedade e a legitimidade que as unia sob o Estado.

DIVERSIDADE ÉTNICA, CONFLITOS REGIONAIS E DIREITOS HUMANOS

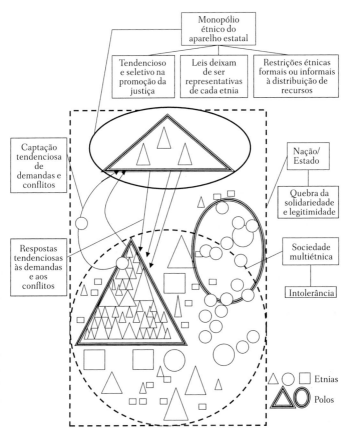

FIGURA 2

O comportamento da comunidade internacional

Como apontamos no Capítulo 2, o tema dos direitos humanos ganhou novo fôlego com o fim da Guerra Fria, pretendendo ter atingido a universalidade na Conferência da ONU em Viena de 1993. Desde então, esperava-se que a proteção internacional dos direitos humanos seria reforçada pela comunidade internacional, não mais constrangida pela estrutura bipolar. Poder-se-ia dizer que a Conferência representava valores incorporados pela comunidade internacional, visando criar uma associação de objetivos (Nardin, 1987). Isto é, a formulação do regime internacional de direitos humanos, pode-se hoje dizer, no início do século XXI, prenuncia o conceito de associação de objetivos.

Associação de objetivos refere-se aos valores cooperativos que se fundem em uma concepção de mundo comum. Têm a ver com poder, equilíbrio, riqueza. Nesse caso, a cooperação implica interesses compartilhados. Trata-se, de certa forma, da transposição para as relações internacionais do conceito de nação que alguns autores do início do século XX, como Bauer, dirigente da II Internacional Socialista, desenvolveram. Em sua definição, "a nação é o conjunto de homens ligados pela comunidade de destino numa comunidade de caráter" (Bauer, 1987, p.160). Portanto, a cooperação internacional, de acordo com o conceito de associação de objetivos, não pode estar ligada à ideia de constrangimento, nem à ideia de evitar riscos ou perdas maiores. Está ligada à lógica de jogos de soma positiva. A cooperação no campo dos direitos humanos ocorreria por ter-se alcançado um acordo geral em torno de alguns conceitos fundamentais, isto é, de um denominador comum.

Os direitos humanos seriam valores compartilhados com os quais a comunidade internacional estaria disposta a cooperar para sua proteção. A Figura 3 representa como deveria ser a ação internacional no caso de uma crise étnica em que esses valores poderiam ser violados. O círculo maior representa a virtual universalidade dos direitos humanos. De acordo com essa universalidade, inviabilizando-se a proteção dos direitos e liberdades fundamentais do homem em determinado Estado, seria interesse da comunidade internacional agir para restaurar essas condições. Os hexágonos representam ONGs e OIGs que prestam assistência humanitária ao Estado em crise (pontilhado). Algumas delas pressionam esse Estado para que ele promova melhores condições para os direitos humanos, elaboram relatórios sobre os acontecimentos e clamam para que outros Estados da comunidade internacional, a ONU e outras organizações internacionais tomem providências. Mesmo Estados prestam assistência humanitária e pressionam outros Estados e organizações internacionais para a ação. Na Figura 3, uma vez notificado da situação, o Conselho de Segurança das Nações Unidas, que é composto por Estados, age para que condições de exercício dos direitos humanos sejam construídas ou restabelecidas.

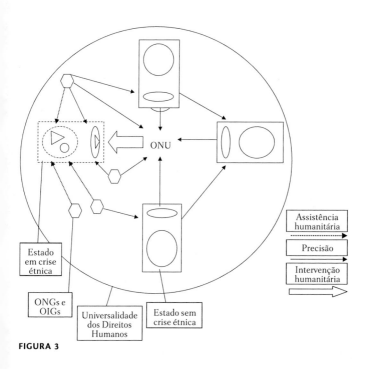

FIGURA 3

Na análise das relações internacionais, inclusive na formulação de Nardin (1987), associação de objetivos e valores compartilhados, além daqueles que, segundo Bull (2002), viabilizam a existência de uma sociedade internacional, não teriam sido alcançados, permanecendo como objetivos normativos. Portanto, dependem muito da concepção de mundo de quem os formula. Motivações advindas de formulações normativas para justificar intervenções no caso de violações dos direitos humanos, como as provenientes de conflitos étnicos, teriam outras razões. A busca por solucionar conflitos desse tipo tem, portanto, seletividade. O argumento humanitário pode existir, mas ele se justapõe a outros de caráter político e estratégico. Entre os elementos importantes que levam à intervenção estariam os impactos regionais, políticos, econômicos e sociais que guerras civis ou localizadas têm.

Os conflitos ou crises regionais interestatais muitas vezes têm origem nos laços étnicos que atravessam fronteiras. Reiterando, inúmeras fronteiras não correspondem à divisão dos grupos étnicos. Para Moore (2002), laços étnicos podem existir entre a população de dois ou mais Estados quando

> os membros do grupo ou são uma maioria dominante ou uma minoria avantajada em um dos dois países. Por exemplo, hindus são uma maioria dominante na Índia e uma minoria no Paquistão. Assim, existe um laço étnico hindu através da fronteira Índia-Paquistão. (Moore, 2002, p.4)

O autor, ao tratar das formas de regionalização de conflitos, aponta alguns padrões. Segundo ele, laços étnicos aumentam o número de conflitos em termos de política externa, principalmente entre países que fazem fronteira uns com os outros. E, em geral, os Estados com um grupo étnico dominante ou em uma posição privilegiada tendem a ser mais hostis para com Estados nos quais seus parentes étnicos têm desvantagem ou são discriminados. A tendência de maior hostilidade nem sempre se traduz efetivamente em apoio para a causa dos parentes. Podemos visualizar essa prática ao termos em conta que, nos anos 1990, 44 países apoiaram insurgências em outros Estados, mas apenas em 17 casos os laços étnicos foram apontados como uma das motivações para o apoio. Já em 43 casos, a influência regional foi apresentada como parte das motivações. Assim, em 16 casos superpõem-se as questões de laços étnicos e influência regional. Segundo esses dados, Moore conclui que "(1) laços étnicos facilitam o apoio, mas (2) o apoio estatal para insurgências é primariamente influenciado pela geopolítica" (Moore, 2002, p.5). Portanto, a dimensão regional dos conflitos étnicos deve ser objeto de grande atenção.

Os laços étnicos têm influência nos conflitos interestatais e parecem contribuir para a extensão das crises internacionais. Eles tornam o relacionamento diplomático mais conflitivo, além de poderem resultar, como já apontado, em apoio a insurgências. Entretanto, ressalte-se que o apoio dos Estados a parentes étnicos para insurgências ocorre na minoria das vezes. "Os países parecem não desejar invocar medidas punitivas em apoio a grupos vitimados, mesmo na presença de um laço étnico" (Moore, 2002, p.8). Invocar medidas desse tipo para outros Estados poderia estimular o uso do mesmo argumento contra o próprio Estado. Parece haver uma espécie de acordo tácito quanto a isso. Ainda assim, a questão étnica, como discutimos aqui, seria tão forte que superaria o acordo tácito e efetivamente desencadearia conflitos.

A possibilidade de intervenção militar de um Estado em guerra civil de outro, havendo laços étnicos entre partes das populações, depende sobretudo do nível de violência do conflito. Quanto mais violento o conflito, maior a possibilidade de intervenção estrangeira. Embora seja difícil identificar precisamente em que medida os laços étnicos são motivadores da intervenção, pode-se dizer que somente um alto nível de vitimação desencadeia ações humanitárias. Esse foi o caso das intervenções da Economic Community of West African States (Ecowas) na Libéria e em Serra Leoa, da Organização do Tratado do Atlântico Norte (Otan) na Bósnia-Herzegovina e em Kosovo e das Nações Unidas no Timor Leste (Moore, 2002). Porém, como veremos no Capítulo 4, apesar da característica de genocídio do conflito étnico entre tútsis e hutus em Ruanda, a comunidade internacional tardou muito a intervir. Do mesmo modo, não houve intervenção na Nigéria e no Sudão, ao menos até aqui.

Os impactos regionais, sociais e econômicos das guerras civis e dos conflitos étnicos reforçam a tese de sua importância. Uma vez desencadeados os conflitos, os Estados vizinhos são rapidamente afetados. No que toca à economia, a situação de conflito prejudica o comércio regional, pois as pessoas deixam de consumir e toda a região perde presença na economia internacional (ocorrendo insegurança, queda na renda, proibição e destruição física da produção e do comércio). Segundo Kaldor (2001, p.107):

> Um exemplo é a guerra em Moçambique, o qual era uma importante rota comercial para países sem saídas para o mar como a Zâmbia, Zimbábue, Malaui, Botsuana e Suazilândia. Malaui perdeu todo seu comércio com Moçambique, e os custos adicionais de transporte durante a guerra foram estimados em 11% de todo o ganho anual; do mesmo modo, o comércio com o Zimbábue caiu dramaticamente e o custo de mudar a rota das mercadorias através da África do Sul foi estimado em US$ 825 milhões em preços de 1988.
>
> Nos Bálcãs, a queda do PNB em decorrência das guerras da Croácia e da Bósnia-Herzegovina, como um resultado da perda de comércio em decorrência do fechamento das fronteiras e das sanções e o aumento do custo do transporte, foi mais ou menos inversamente proporcional à distância do epicentro da violência. A redução na

DIVERSIDADE ÉTNICA, CONFLITOS REGIONAIS E DIREITOS HUMANOS

Bósnia-Herzegovina foi mais dramática, caindo de US$ 2.719 *per capita* antes da guerra para apenas US$ 250 *per capita* quando a guerra terminou. Ao redor da Bósnia-Herzegovina há um primeiro círculo de países – Sérvia e Montenegro, Croácia e Macedônia – nos quais o PNB caiu para 49%, 65% e 55% dos níveis de 1989, respectivamente. Em 1996, Sérvia e Montenegro e Macedônia tinham conseguido administrar o declínio, enquanto a Croácia já conseguia alcançar uma pequena taxa de crescimento. Ao redor desses três países há um segundo círculo de países afetados – Albânia, Bulgária, Romênia e Eslovênia – nos quais o PNB caiu para 81%, 88%, 73% e 90% dos níveis de 1989. Finalmente, o terceiro círculo – Hungria, Grécia e Turquia – também assinala perdas econômicas em função da guerra.

Esses dados referem-se ao comércio legal, o que pode ser mensurado pelos governos. Para avaliar os impactos negativos dos conflitos regionais, acrescente-se que, em alguns casos, partes envolvidas praticam comércio ilegal internacionalmente, usando-o para financiar suas atividades, entre elas ilegalidades, como o tráfico de armas e de drogas, cujas consequências fazem-se sentir ao longo do tempo, mesmo após terminado o conflito. Foi o caso do uso pela Central Intelligence Agency (CIA) de recursos ilegais para financiar os contras da Nicarágua. Além dessas situações, outra maneira pela qual a economia regional pode ser prejudicada pela ocorrência de guerras civis e conflitos regionais é a possibilidade de imposição de sanções ou bloqueios por parte das Nações Unidas ou unilateralmente por outros Estados. Isso acaba prejudicando os fluxos de comércio, transporte, investimento etc.

Outro problema grave que as guerras civis, os conflitos étnicos e regionais normalmente geram para os países vizinhos são os refugiados. Os conflitos étnicos têm acentuada participação nessa questão, visto que táticas que visam à limpeza étnica são frequentemente empregadas. Assim, grandes massas fogem ou são expulsas para os países vizinhos. O assentamento desses refugiados, por sua vez, traz problemas para os Estados que os abrigam:

> A maioria dos refugiados estão localizados em países vizinhos. De acordo com o ACNUR (Alto Comissariado das Nações Unidas para os Refugiados), dos 14,5 milhões de refugiados em 1995, a maioria está localizada na África e na Ásia (6,7 milhões e 5,0 milhões respectivamente). Países hospedando mais de 500 mil refugiados incluem Guiné (da Libéria e de Serra Leoa), Sudão (principalmente de Etiópia, Eritreia e Chade), Tanzânia (principalmente de Ruanda e Burundi), Zaire (que tinha, até 1995, recebido 1,7 milhão de refugiados, dos quais 1,2 milhão veio de Ruanda e os outros principalmente de Angola, Burundi e Sudão), Irã (do Afeganistão e do Iraque), Alemanha (principalmente da ex-Iugoslávia) e Estados Unidos ... (Kaldor, 2001, p.108)

O grande número de refugiados, muitas vezes em países pobres, representa peso econômico e foco permanente de tensão com populações dos Estados receptores. Provavelmente, na atualidade, o exemplo mais importante de refugiados são os palestinos, originariamente habitantes do território que a ONU reconhece como sendo parte de Israel, localizados hoje em boa medida no *West Bank* e em Gaza ou na Jordânia e no Líbano. Outro exemplo das consequências da existência de refugiados encontramos no Zaire, onde o campo de refugiados hutus serviu como base para a milícia hutu, dessa forma contribuindo para a mobilização dos tútsis zairenses contra o regime de Mobutu. Nesse caso, contribuíram os laços étnicos entre os tútsis zairenses e o governo de Ruanda, que os apoiou.

Conclusão

Os conflitos étnicos podem desencadear crises humanitárias e internacionais com impactos políticos, econômicos e sociais. Têm profundas consequências para outros Estados, muitas vezes vizinhos. O conceito de *peace making* tem por base a ideia de que, não sendo o Estado capaz de garantir os direitos humanos da população ou de uma parte dela, é preciso que a comunidade internacional aja para isso. Nesse caso se apresentaria o problema da intervenção humanitária. De acordo com a ideia de direitos humanos que prevaleceu no debate internacional dos anos 1990, particularmente consolidada na Conferência de Viena de 1993 e nas outras grandes conferências internacionais temáticas da mesma década, é dever da comunidade internacional intervir para restaurar ou construir condições para a plena vigência dos direitos humanos.

A ideia que ganhou ressonância no sistema internacional pós-Guerra Fria, de que "o sofrimento humano em larga escala representa uma ameaça à paz e à segurança internacionais" (Rodrigues, 2000, p.110), acabou por relacionar direitos humanos com segurança coletiva. Essa concepção pode ser observada nas resoluções da ONU que autorizaram o uso da força, pois todas relacionaram questões de direitos humanos a ameaças à segurança e à paz internacionais (Rodrigues, 2000). Essa reiteração marca a consolidação de uma concepção dos direitos humanos na agenda internacional. O tema passa a ser uma espécie de referencial ético ao qual os Estados recorrem para legitimar suas ações. Mas não sendo o sistema internacional movido primariamente pela ética dos direitos humanos, apesar da importância das questões humanitárias nas intervenções internacionais, não é possível afirmar que a comunidade internacional dá respaldo incondicional, dinâmico e eficiente ao tema. Kaldor (2001) faz seu balanço:

> No começo dos anos noventa, havia muito otimismo sobre as possibilidades de resolver problemas gerais, particularmente guerras. Na *Agenda para Paz* (de 1992), o Secretário Geral da ONU Boutros Boutros-Ghali falou sobre a "segunda chance" das Nações Unidas

agora que suas atividades não estavam mais bloqueadas pela Guerra Fria. O termo "comunidade internacional", significando um grupo coeso de governos agindo através de organizações internacionais, entrou no uso cotidiano. Numerosos conflitos pareciam perto de uma solução – Camboja, Namíbia, Angola, África do Sul, Nicarágua e Afeganistão. E naqueles conflitos que não foram resolvidos, a ideia enunciada pelo ministro francês e ex-diretor de Médicos Sem Fronteiras, Bernard Kouchner, do dever/direito de intervir para objetivos humanitários, parecia ganhar ampla aceitação ...

Apesar das esperanças e boas intenções, a experiência até agora do que seria conhecido como intervenção humanitária tem sido frustrante, no mínimo. No melhor dos casos, pessoas têm sido alimentadas e frágeis cessar-fogos têm sido acordados, embora não esteja claro se isso possa ser atribuído à presença de tropas de *peace keeping*. No pior dos casos, a ONU foi envergonhada e humilhada, como, por exemplo, quando falhou em prevenir o genocídio em Ruanda, quando o chamado *safe heaven* de Srebrenica foi tomado por bósnios sérvios, ou quando a caçada ao senhor da guerra somaliano Aideed terminou com uma mistura de farsa e tragédia. (Kaldor, 2001, p.112)

O reconhecimento da importância dos direitos humanos teria atingido nível de universalidade com a assinatura de tratados que contam com a adesão de quase todos os Estados que compõem o sistema internacional. A Declaração de Viena e Programa de Ação de 1993 foram assinados por todos os membros da ONU. Mesmo assim, a ação de muitos Estados não corresponde aos termos acordados. Como lembra Rodrigues (2000, p.67), "o fato de todos os países aderirem às normas estabelecidas de direitos humanos, especialmente à Declaração Universal dos Direitos do Homem, não significa na prática a formação de um valor comum, adotado ou tido como ideal por todos os Estados". Levando a questão mais além, se os tratados e declarações possuíssem mecanismos punitivos para os Estados que não os cumprissem, teriam recebido todas essas adesões? Se houvesse mecanismos punitivos, seria possível estabelecer critérios objetivos para sua aplicação? Esse é um dilema importante na atualidade, quando se busca inserir nas regras do comércio internacional, no quadro da OMC, cláusulas específicas relativas a direitos humanos, sociais e meio ambiente. Havendo sanções, como é o caso da OMC, como aplicá-las? As assimetrias de poder poderiam pôr em risco sua aplicação. A experiência da década de 1990 e dos primeiros anos do século XXI questiona se a concepção de direitos humanos apontada nos documentos da ONU seria a melhor para todos os povos.

Uma resposta completamente afirmativa não seria adequada à observação dos fatos. O que pode ser certamente afirmado é que os conceitos relativos aos direitos humanos não refletem, pelo menos no presente momento, uma associação de objetivos. O que não exclui a possibilidade de que possam ser referência para que essa associação se concretize no futuro. Afinal,

> os direitos humanos são violados e distorcidos, mas jamais tiveram no passado a força mobilizadora, em escala planetária, do presente. Os valores podem estar sendo usados de maneira utilitária, às vezes em empreitadas duvidosas, como a da OTAN em Kosovo. Entretanto, ainda que para legitimar políticas de poder, são eles agora ingredientes necessários a que os próprios Estados poderosos não podem deixar de recorrer. (Alves, 2000, p.201)

Os conflitos étnicos e regionais, por sua localização periférica, apesar de produzirem abalos além das fronteiras dos Estados em crise, raras vezes atingem substancialmente os Estados centrais, que são os que possuem maior capacidade para ações. Talvez isso explique a seletividade e o tipo das reações.

Duas questões põem em jogo a possibilidade de que as ações internacionais sejam eficazes na preservação dos direitos humanos. A primeira está relacionada à natureza do sistema internacional, que tem como uma das principais forças motrizes os interesses dos Estados. A segunda questão está na dificuldade de definir critérios precisos para as intervenções internacionais.

Quando os Estados que compõem a comunidade internacional, mediante as organizações, precisam tomar decisões a respeito de temas como a intervenção humanitária, levam em consideração aspectos geopolíticos e econômicos da possível ação, assim como as repercussões que tais ações teriam no plano doméstico. Portanto, não se pode separar interesse nacional, cálculo estratégico e interesse humanitário. No caso do apoio ao movimento de autodeterminação, por exemplo, os Estados levam em conta outros fatores e não somente a proteção dos direitos humanos.

A subjetividade dos fatores que a comunidade internacional deve levar em conta para determinar uma intervenção humanitária também dificulta o processo. Almino deixa isso claro quando lembra que há inúmeras possibilidades para a intervenção que dependem de alto grau de convergência na interpretação.

> O relatório lançado, na sede das Nações Unidas, em 18 de dezembro de 2001 pela referida Comissão (Comissão Internacional sobre Intervenção e Soberania Estatal, patrocinada pelo Governo canadense), procura conciliar "soberania" e "proteção", ao reafirmar uma concepção de soberania que enseja responsabilidade das autoridades de velar pelos direitos de seus cidadãos. A comunidade internacional assumiria a responsabilidade de proteger somente naqueles casos em que os Estados violam deliberadamente esses direitos ou são incapazes de protegê-los. Essa responsabilidade de proteger se desdobraria em responsabilidade de prevenir, reagir e de reconstruir. O recurso militar poderia ser empregado quando atendesse a seis critérios: causa justa, intenção correta, último recurso, meios proporcionais, chance razoável de êxito e autoridade adequada. (Almino, 2002, p.76)

Obviamente, a valoração dos critérios tem amplo grau de subjetividade.

Vimos que a autodeterminação, quando implica secessão, nem sempre é aceita pelo Direito Internacional. Resulta que a decisão de intervir em favor da autodeterminação é sujeita a controvérsia. Sempre há a possibilidade de incentivar o diálogo que poderia fracassar por uma intervenção internacional entendida como parcial por meio de uma das partes.

Temas tão significativos quanto esses se referem à possibilidade de a ação internacional ser capaz de restaurar ou criar condições nas quais os direitos humanos possam ser exercidos. Isso tem a ver com legitimidade, solidariedade, tolerância. Trata-se de valores, de concepções de mundo. Os direitos humanos são fruto da busca de universalização de valores e normas. Na contemporaneidade sua afirmação relaciona-se à indivisibilidade de suas sucessivas gerações (direitos civis, políticos, econômicos, sociais, culturais, dos povos etc.), que já não podem ser compartimentadas.

4 Conflitos étnicos

Hutus e tútsis em Ruanda

O conflito étnico ruandês entra para a história como um dos mais violentos. Nesse pequeno país da África subsaariana, o ódio entre os dois principais grupos étnicos, tútsi e hutu, foi construído durante o período colonial sobre bases materiais e subjetivas, intensificando-se após a independência. Cada grupo era percebido como ameaça à prosperidade e à vida do outro, o que levou ao fatídico genocídio em massa de 1994.

No século XX, a questão étnica em Ruanda foi causa de graves e frequentes violações de direitos humanos. Por razões étnicas, políticas e de direitos humanos, o conflito ultrapassou fronteiras e envolveu países como Burundi, Uganda, Congo e Tanzânia, grandes potências como França e Estados Unidos, ONGs e OIGs, como a ONU.

Reconhecendo que cada conflito étnico possui suas particularidades, o estudo desse caso nos ajuda a entender como a etnia pode se transformar em fator aglutinador de pessoas, cujo objetivo é instrumentalizar o Estado para a obtenção e manutenção de uma condição privilegiada.

ORIGENS HISTÓRICAS DO CONFLITO

A maioria dos historiadores destaca que houve duas fases distintas de imigração tútsi para áreas hutus, na região dos

DIVERSIDADE ÉTNICA, CONFLITOS REGIONAIS E DIREITOS HUMANOS

Grandes Lagos do Planalto Central Africano, especialmente para o território que hoje é ocupado por Ruanda e Burundi. Ambas as fases, antes da era colonial, são caracterizadas como um processo de assimilação gradual, que gerou simbiose entre as duas etnias em uma lógica de constituição de relações sociais de coexistência pacífica. O problema da constituição da nação e de suas inter-relações com a questão étnica não estava posto para esses povos.

A base de interação social e confiança mútua entre tútsis e hutus consolidou-se por uma relação complementar de subsistência, resultante da cultura de cada grupo: tútsis, de ocupação pastoril, forneciam produtos de origem animal aos hutus, enquanto estes retribuíam com produtos agrícolas, seguindo sua cultura e tradição de cultivadores.

Ao longo de quatrocentos anos, após o século XV, paulatinamente esse padrão de coexistência pacífica passou a ser modificado em virtude de um processo constante de conquista de mais espaço pelos tútsis em áreas hutus. Em parte, essa maior ocupação traduziu-se em uma busca pelo estabelecimento de entidades para a direção administrativa e militar, num movimento claro de centralização do monopólio legítimo da violência na lógica ocidental. O movimento possibilitou maior controle dos meios de produção, que envolvia restrição gradual do acesso à terra, ao gado e ao trabalho, por parte dos tútsis em relação aos hutus (Lemarchand, 1970; Reyntjens, 1985; Sellström & Wohlgemuth, 1996). Como resultado houve redução de unidades políticas hutus independentes e descentralizadas, que foram incorporadas e transformadas nessas entidades de direção administrativa centralizadas pelos tútsis.

Mesmo com esse avanço político, os tútsis assimilaram totalmente a cultura dos hutus, o que gerou um padrão de relações sociais sem segregação de nenhum dos povos, que realizavam casamentos interétnicos e compartilhavam seus nomes (Lema, 1993). A clivagem étnica, nesse período, correspondia apenas a categorias ocupacionais, não constituindo fator de influência sobre a mobilidade social (Sellström & Wohlgemuth, 1996). Tútsis eram aqueles que possuíam cargos mais elevados, incluindo os governamentais, e hutus os que possuíam cargos mais baixos. Tudo indicava que as duas etnias viveriam em harmonia.

Entretanto, essa realidade começou a ser alterada a partir do reinado de Kigeri IV, entre 1860 e 1895, pouco antes da chegada dos colonizadores europeus. O reinado tútsi, localizado onde hoje está Ruanda, esforçou-se na construção de um Estado moderno pelas entidades administrativas centralizadas que eram consideradas legítimas para ambas as clivagens étnicas.

Porém, para cumprir a tarefa, entre vários instrumentos, Kigeri IV utilizou como fator aglutinador o apelo à etnia, rebuscando e elevando a consciência das diferenças étnicas entre tútsis e hutus na região. Quanto mais se aprofundava a centralização da autoridade política, tendo os tútsis a liderança e, portanto, maior proximidade do aparelho burocrático do Estado, maior era a tendência de exacerbação das diferenças étnicas, que passaram a se tornar mais estratificadas e rígidas. Nesse contexto, "... a identidade hutu passou a estar associada e eventualmente definida como um status inferior" (Sellström & Wohlgemuth, 1996).

A deterioração da etnia hutu *vis-à-vis* a tútsi foi aprofundada pela criação da instituição *ubuhake*, que ocorreu simultaneamente ao processo de centralização política dirigido pelos tútsis. A *ubuhake* consistia em um modelo de relação extremamente personificada entre dois indivíduos de *status* social desigual. Nessa relação, o mais poderoso é o patrão e seu subordinado é considerado cliente. Ambos possuem o dever de manter laços recíprocos de lealdade e trocar bens e serviços. Havia a possibilidade de um indivíduo ser patrão e cliente ao mesmo tempo, assim como a de um hutu ser patrão de um tútsi. Contudo, a elite era constituída por tútsis, enquanto a base era majoritariamente de hutus e/ou twa, um grupo étnico menor. Esse padrão foi consolidado pelas regras coloniais e perdurou até seu fim nos anos 1950 (Saucier, 1974).

A proximidade do poder de que gozavam os tútsis traduziu-se em uma situação econômica privilegiada no sistema *ubuhake*. Isso nos indica que o processo de formação do Estado nessa região não incorporou valores ocidentais cristalizados no termo das liberdades fundamentais. Muito pelo contrário. Durante a formação do Estado ruandês, desenvolveu-se uma elite econômica tútsi que consolidou seu domínio pela concentração das estruturas-chave do poder político, restando aos hutus postos médios, na maioria das vezes, de nível secundário no aparelho estatal (Lema, 1993). Como veremos adiante, o período colonial irá aprofundar a situação.

O PERÍODO COLONIAL: APROFUNDAMENTO DO ÓDIO ÉTNICO

O conflito entre tútsis e hutus é retratado pela maioria dos historiadores como mais uma demonstração do efeito retardado da política colonial na África. Podemos afirmar que até o início da colonização alemã na região, as etnias tútsi e hutu viviam em relativa harmonia no território em que hoje estão Ruanda e Burundi. Apesar de a centralização política e a instituição *ubuhake* proporcionarem uma situação privilegiada aos tútsis, a clivagem étnica não era razão de conflitos entre a população.

Essa realidade é alterada durante o período colonial sob domínio alemão, na fase anterior à Primeira Guerra Mundial. Os tútsis eram predominantemente pastores e altos oficiais, apresentavam maior estatura e cor mais clara do que os hutus. Os hutus, de pele mais escura, tinham menor estatura, eram de tradição agrícola e ocupavam cargos oficiais mais baixos.

Assim, de acordo com as teorias raciais da época, os colonizadores conferiram aos tútsis título de raça superior na região. Há indícios de que essa diferença física foi determinante para a modificação da organização política, econômica e social, e o início efetivo dos conflitos étnicos entre os dois povos.

A experiência na administração do aparato estatal, a acumulação de recursos econômicos via instituição *ubuhake* e as características fenotípicas dos tútsis foram suficientes para que os alemães os considerassem parceiros estratégicos. Acreditavam que cooptá-los para a consolidação de seus projetos no continente africano seria mais eficaz. Em outras palavras, em vez de montar um novo aparelho estatal, bastante custoso na região, a Alemanha optou pela estratégia de cooptação dos tútsis e, pela negociação de acordos de proteção mútua, tratou de usar a seu favor o sistema político centralizado de Ruanda. Como recompensa pelos serviços prestados aos alemães, os tútsis tiveram à sua disposição o controle dos cargos na administração colonial, o que lhes proporcionava treinamento militar, controle da economia e dos mecanismos de distribuição de riquezas. Tinham também acesso exclusivo à educação, pois as escolas exigiam uma estatura mínima para admissão, visando impedir o ingresso de hutus. Desse modo, excluía-se a possibilidade de ascensão social dos hutus. O componente étnico foi utilizado para restringir oportunidades de progresso, ou seja, tendia à monopolização étnica.

O aparelho burocrático do Estado passou a servir como instrumento de garantia dos interesses dos colonizadores, assim como de seus aliados na região, os tútsis. Não havia a preocupação da incorporação de valores caros aos direitos humanos. A tolerância não foi desenvolvida. Os hutus foram excluídos de qualquer benesse, o que alimentou as diferenças e o ódio entre as duas etnias, que passavam a polarizar-se.

Como resultado da Primeira Guerra Mundial, o controle político e econômico de Ruanda foi transferido para a Bélgica, que não apenas manteve a política colonial alemã baseada na ideia de dividir para conquistar, como a aprofundou. Por exemplo, no lugar das relações tradicionais baseadas na obediência da *ubuhake*, os colonizadores belgas introduziram um sistema mais rígido. Substituía-se o padrão de obrigações mútuas entre patrão e cliente por outro no qual era admitida e incentivada a prática de trabalho forçado, que acabou acelerando e aprofundando as divisões socioeconômicas entre tútsis e hutus e, certamente, afetou as relações interétnicas na região (Sellström & Wohlgemuth, 1996).

Fortaleceram-se a disseminação e a crença de que a tese *Hamitic* tinha um fundo de realidade. De acordo com essa tese, todas as riquezas da África foram introduzidas pelos *Hamites* – estrangeiros –, os quais supostamente representariam uma sucursal da raça caucasiana na região. No caso de Ruanda e Burundi, os *hamites* eram os tútsis. Com o fortalecimento da tese, partilhada por colonizadores e tútsis, houve a remoção dos chefes e deputados hutus em Ruanda e sua substituição preferencialmente por tútsis. Acreditava-se que estes eram superiores. Houve também introdução de cartão de identificação étnico na sociedade e discriminação da Igreja Católica, que, responsável pela educação, fornecia aos hutus formação educacional apenas para o desenvolvimento de trabalho em minas, na agricultura e na indústria. Esse foi um claro processo político de "tutsificação" da sociedade que se traduziu em ausência de estruturas sociopolíticas e econômicas capazes de disseminar valores da própria cultura ou outros condizentes com os direitos humanos, de acordo com a perspectiva discutida nos capítulos anteriores.

Em suma, o domínio dos meios econômicos e a "... monopolização do poder nas mãos dos tútsis constituiu um fator crucial, estabelecendo ('estruturando') firmemente a clivagem étnica. Essa intervenção colonial levou os grupos a se tornarem categorias políticas distintas" (Sellström & Wohlgemuth, 1996). Nos quarenta anos após o início da colonização belga, a partir do fim da Primeira Guerra Mundial, foram se moldando na sociedade de Ruanda movimentos políticos de caráter étnico acentuado. Buscavam, recorrendo muitas vezes à violência, controlar o aparelho estatal e os meios econômicos presentes na sociedade em prol de seu grupo étnico. A consolidação desse padrão de disputa política e econômica violenta teve seus contornos mais nítidos a partir dos anos 1950, no bojo do processo de descolonização conduzido pelas Nações Unidas.

A EROSÃO DO COLONIALISMO E A EMERGÊNCIA POLÍTICA DE CLIVAGENS ÉTNICAS

A partir da metade da década de 1950, as demandas políticas na região claramente passaram a ser formuladas em termos étnicos. O lançamento do Manifesto *Bahutu* aborda o problema da etnia como uma questão social e tinha como demanda principal a emancipação hutu, bem como a democratização da sociedade ruandesa. O manifesto teve importância decisiva tanto na revolução social de 1959 quanto na profunda clivagem étnica. Seu argumento central girava em torno da ideia de que os tútsis representavam o colonizador, o estrangeiro, sendo os hutus os verdadeiros nacionais ruandeses que, por direito, deveriam formular suas próprias regras. Surgia a ideia de autodeterminação. Em contrapartida, dois manifestos foram escritos por grandes líderes conservadores dos tútsis, rejeitando a demanda por participação dos hutus no governo ruandês (Reyntjens, 1994).

O impasse impulsionou definitivamente os grupos à mobilização para a luta política em busca do controle do Estado, sendo a etnia o principal argumento mobilizador.

DIVERSIDADE ÉTNICA, CONFLITOS REGIONAIS E DIREITOS HUMANOS

Nessa direção, o Partido do Movimento para a Emancipação Bahutu (Parmehutu) e a Associação para a Promoção Social das Massas (Aprosoma) representavam a etnia hutu, ao passo que a União Nacional Ruandesa (Unar) e a Assembleia Democrática Ruandesa (Rader) representavam os tútsis. Nas eleições parlamentares de setembro de 1961, que teriam a função de eleger os representantes do povo que acompanhariam o processo de transição de colônia para Estado independente no país, a clivagem étnica foi confirmada: hutus obtiveram mais de 83% dos votos, o que correspondia à proporção destes na população ruandesa. "... Em outras palavras, a maioria demográfica foi associada à maioria política" (Sellström & Wohlgemuth, 1996).

Os ingredientes da barbárie contra os direitos humanos que estava por vir e perdurar durante décadas na região, de acordo com a perspectiva de direitos em desenvolvimento na ONU, estavam postos na sociedade: a luta política polarizada em torno de grupos étnicos, a maioria da população excluída das decisões do governo ruandês, sem chance de autodeterminação, bem como do acesso a oportunidades econômicas. A elite minoritária tútsi, à medida que a pressão política e social se ampliava, era paulatinamente abandonada pelos colonizadores belgas que, em um primeiro momento, passaram a apoiar a maioria hutu. Depois, no bojo da política de descolonização conduzida pelas Nações Unidas, os belgas buscaram se afastar da problemática.

INDEPENDÊNCIA E BARBÁRIE: A ELIMINAÇÃO DOS TÚTSIS DA VIDA PÚBLICA EM RUANDA

Conforme a agitação social se ampliava, os colonizadores belgas retiravam o apoio à elite tútsi e transferiam-no à maioria hutu. Foram revogadas a política de governo indireto e as leis de trabalho forçado que haviam alterado o sentido da instituição *ubuhake*, ao mesmo tempo que havia indícios de que a independência nacional de Ruanda estava próxima. Para Linden (1995), o processo desencadeou uma série de disputas por poder entre tútsis e hutus, as quais se transformaram num jogo de soma zero. Monopolizar o Estado etnicamente era a vitória completa de um e derrota total do outro. Progressivamente diminuía a probabilidade de um meio-termo, de se recorrer à política para o fim das hostilidades.

Nesse contexto, a disputa pelo controle do Estado em Ruanda passou a ocorrer em meio à violência generalizada. Cada vez mais a Bélgica abandonava a região e seus ex-aliados, os tútsis, que antes haviam desfrutado de posição dominante em razão de sua etnia, e agora passavam a ser alvo constante de perseguição da elite política hutu. Esta buscava tomar posse da liderança do Estado ruandês, clamando pela correção das injustiças étnicas históricas causadas pelo domínio tútsi durante o período colonial.

Em 1959, os ressentimentos acumulados pelos hutus no período colonial explodem sobre militares tútsis, que foram presos e tiveram seus pés decepados a golpes de facão. O objetivo era, simbolicamente, diminuir a diferença de estatura que criou diferenças econômicas, políticas e sociais. Este é mais um dos eventos típicos que forjam o ódio interétnico. Como resultado da dinâmica conflituosa, a violência se generalizou e teve como agravante o fato de um líder do partido Parmehutu ter sido molestado por um jovem tútsi. Foi desencadeada uma revolução social ampla e sangrenta, na qual centenas foram mortos, em sua grande maioria tútsis. A Bélgica nada fez para proteger seus antigos aliados. Pelo contrário, adotou definitivamente uma política pró-hutu e instalou uma administração militar no país, designando trezentos chefes hutus em substituição aos tútsis depostos, mortos ou que fugiram antes da explosão da violência étnica, em flagrante desrespeito aos direitos humanos (Newbury, 1988; Prunier, 1995).

DIVERSIDADE ÉTNICA, CONFLITOS REGIONAIS E DIREITOS HUMANOS

A revolução social, como era chamada, terminou quando teve efetivamente início a transição da dominação política tútsi para a hutu, a qual foi consolidada em eleições parlamentares de setembro de 1961. Nessa eleição, o partido Parmehutu obteve 78% dos votos e ganhou 35 das 44 cadeiras, enquanto a Unar recebeu 17% dos votos e sete cadeiras. Mais uma vez o resultado das eleições refletia a composição étnica do país. Mostrou que o povo não se via como uma nação, o que comprometia a adequabilidade do Estado. Em referendo simultâneo houve uma rejeição massiva da monarquia em favor do sistema republicano de governo. Logo após as eleições, Grégoire Kayibanda, hutu, foi eleito presidente pelo novo parlamento, em 26 de outubro de 1961, e inicialmente montou um governo de coalizão composto por membros do Parmehutu, Unar e Aprosoma. Oito meses depois, em 1º de julho de 1962, Ruanda foi considerada Estado soberano e independente pela Assembleia Geral da ONU (Sellström & Wohlgemuth, 1996).

A independência de Ruanda colocou a minoria tútsi à mercê dos hutus. Aqueles foram obrigados a migrar para Uganda, Burundi e Zaire, organizando nesses Estados uma nova tomada de poder. Logo, a confrontação étnica não cessou mesmo após a instalação de um sistema de governo republicano em Ruanda. Pelo contrário, aumentou com toda força e boa parte da etnia tútsi foi morta, expulsa ou exilada. O número de refugiados ruandeses no período atingiu a marca expressiva de 9% da população do Estado, ou seja, metade da população tútsi, que acabou se tornando

> um elemento de insegurança estrutural, especialmente porque as comunidades de refugiados tútsi nunca aceitaram o exílio como fato consumado – ao contrário, sempre clamaram ... pelo seu direito de retornar. (Sellström & Wohlgemuth, 1996)

Do mesmo modo que os tútsis fizeram no período colonial, o domínio do aparelho do Estado pela elite política hutu serviu para um duplo objetivo: a) como instrumento utilizado para a consolidação da posição dominante da etnia hutu e b) como fator de unidade para a consolidação de Ruanda como novo Estado soberano na África. Assim, os hutus procuraram monopolizar etnicamente o aparelho estatal e justificar a coesão do grupo perpetrando o ódio contra os tútsis, como discutimos no Capítulo 3, ao examinar a relação entre questão étnica e coesão social.

Como resultado do processo de independência, podemos citar cinco consequências principais: 1) aumento de refugiados tútsis para países vizinhos, consequentemente ampliando 2) os conflitos regionais nessa área, 3) exclusão virtual da vida pública de todos os tútsis, 4) concentração de poder e desenvolvimento do autoritarismo pelos hutus e 5) ausência do desenvolvimento de valores fundamentais para os direitos humanos, como tolerância, igualdade, liberdade.

Durante a Primeira República (1962-1973), os refugiados foram convidados a retornar, mas isso nunca ocorreu. Por um lado, os tútsis não acreditavam na sinceridade da mudança de atitude do governo hutu. Por outro, realizaram incursões regulares pelo território ruandês, agregando novas levas de refugiados e reunindo força a seu movimento de resistência no exterior. Os refugiados criaram um grupo armado, *inyenzi*, que atacava o território ruandês e em certa ocasião tentou tomar de assalto a cidade de Bugesera.

A resposta hutu veio em forma da exclusão sistemática dos tútsis da vida pública em Ruanda. Os partidos tútsis – Unar e Rader – foram eliminados e com eles todos os outros partidos da oposição. Em seguida, os tútsis se tornaram vítimas de todo tipo de abusos contra os direitos humanos – perseguição, discriminação, desigualdade social e econômica, homicídios, estupros, limpeza étnica etc. Entre 5 mil e

8 mil tútsis foram mortos e, entre eles, quinze dos principais líderes tútsis que restavam em Ruanda foram executados sem nenhum tipo de julgamento. O desdobramento dessa situação foi uma concentração de poder e desenvolvimento do autoritarismo na vida política de Ruanda, que acabaram, mais tarde, levando a um golpe de Estado.

GOLPE DE ESTADO E A SEGUNDA REPÚBLICA: DESENVOLVIMENTO E APAZIGUAMENTO POLÍTICO

O descontentamento social e de políticos e militares hutus do norte de Ruanda em face da crise econômica que atingia o país em fins da Primeira República, sob o governo de Grégoire Kayibanda, combinado aos eventos sanguinários ocorridos no Burundi, onde tútsis oprimiam hutus, foi determinante para que a justificação étnica fosse utilizada como fator de coesão da sociedade em torno de um projeto em Ruanda. Durante alguns anos do governo de Kayibanda os conflitos étnicos permaneceram apaziguados. Mas, em 1973, o ódio étnico reapareceu nas escolas, na administração pública, nas igrejas, nas empresas etc. Não foi suficiente para unir a sociedade em torno do governo. Em 5 de julho de 1973, o governo Kayibanda foi destituído por um golpe militar articulado por hutus, o que foi bem aceito pela sociedade. Assumia o governo o general hutu Juvénal Habyarimana.

Iniciava-se a Segunda República, que desencadeou um processo *sui generis* de modernização pela abertura econômica, pelo desenvolvimento urbano, pelos investimentos e os negócios. Ruanda chegou a ser "vista pelo Banco Mundial e por outros, durante os anos 1980, como uma economia africana de sucesso ..." (Sellström & Wohlgemuth, 1996). O número de prisioneiros políticos foi reduzido, bem como o uso excessivo de regulação de custódia preventiva e as restrições de liberdade de movimento. Podemos afirmar que, de 1973 até 1985, os conflitos étnicos em Ruanda diminuíram em virtude de uma série de fatores, sobretudo o desenvolvimento econômico que conduziu à introdução, ainda que sem enraizamento, de valores pró-direitos humanos. Houve trégua entre hutus e tútsis.

Dito de outro modo, o desenvolvimento econômico com distribuição de riqueza, assim como o acesso livre e igual às benesses do Estado por parte de todos os cidadãos, tende a ser solo fértil para a geração de uma série de valores que são fundamentais para o gozo dos direitos humanos. Parece ser um fator importante para pôr fim aos conflitos étnicos e regionais na África e em outras regiões do planeta, como veremos adiante no caso da ex-Iugoslávia.

Os primeiros sinais de crise econômica em Ruanda durante meados dos anos 1980 foram prodigiosos para a produção de motivos que conduziriam à explosão da crise nos anos 1990 e à retomada do conflito étnico na região. O controle político do aparelho estatal pelos hutus novamente se voltou contra os tútsis, como em outros períodos de dificuldade econômica. Isso indica que, nessa região, o Estado não incorporou regras básicas dos direitos humanos, incluindo os de segunda geração – os sociais –, que possibilitam igualdade e liberdade formal de todos os indivíduos perante as leis, como vimos no Capítulo 2.

A EXACERBAÇÃO DO CONFLITO ÉTNICO NA DÉCADA DE 1990

Há pelo menos três motivos que, no decorrer da crise em meados da década de 1980, contribuíram para o desencadeamento da fase mais violenta de conflito étnico entre tútsis e hutus: 1) refugiados, 2) crise econômica e política e 3) oposição doméstica.

Os refugiados tútsis se organizaram e criaram o Rwandan Patriotic Front (RPF). O grupo, que se projetava como um movimento multiétnico para conquistar o máximo possível de simpatia doméstica e internacional, apesar de a maioria de seus líderes e membros serem tútsis, tinha como objetivo promover a volta dos refugiados, se necessário utilizando a violência. No início de 1988, foi anunciado o envolvimento amplo dos homens do RPF nas Forças Armadas de Uganda, o que significava que, além de altamente motivado, o RPF possuía milícia bem treinada. Ainda em 1988, em agosto, o RPF obteve grande apoio para sua causa durante o congresso de refugiados realizado em Washington. Aumentaram em visibilidade e intensidade as críticas da comunidade internacional sobre a crise de refugiados ruandeses. Acusava-se o governo de Ruanda de promover práticas não democráticas, corruptas e de discriminação étnica (Sellström & Wohlgemuth, 1996).

Paralelamente, o governo de Habyarimana, que parecia ter posto o país no caminho do desenvolvimento, começou a perder popularidade, tanto entre tútsis quanto entre hutus, por causa da crise política e econômica. Nesse contexto, o general encontrava-se duplamente pressionado. Por um lado, havia demanda por liberalização política por parte da oposição, assim como demanda de liberalização política e econômica por parte da comunidade internacional, às quais ele pretendia responder positivamente. Por outro, havia a recusa de seu próprio partido em dar apoio à abertura econômica e política, sobretudo após a tentativa de invasão do RPF, em 1990, a partir de Uganda. Prova do isolamento do presidente e da rejeição a sua proposta de distensão política e abertura econômica foi o desencadeamento da reconstrução das milícias partidárias (*Interahamwe*) e de um partido extremista pró-hutu, o Coalizão pela defesa da República (CDR), além do retorno da etnicidade no país, que havia sido amenizada por mais de dez anos.

Chrétien observa que a crise econômica foi uma das causas da crescente tensão doméstica."De fato, pode-se ver um *link* entre a crise econômica que se abateu sobre

Ruanda desde 1985 e a crescente oposição de diferentes partes da sociedade civil ruandesa" (Chrétien, 1991, p.16). A escassez de terra era outro problema, pois em um contexto de aumento populacional em um país com alta densidade demográfica as famílias encontravam dificuldades para produzir alimentos para suas necessidades. Além disso, as crises econômicas internacionais da década de 1980 atingiram duramente a economia de Ruanda. Em curto espaço de tempo o país teve suas receitas diminuídas em 15% pela combinação de aumento de custos, diminuição dos preços mundiais e gerenciamento inadequado das exportações de suas *commodities* minerais. O golpe final ocorreu quando o preço do café, principal produto da pauta exportadora de Ruanda (mais de 60%), perdeu, entre 1986 e 1992, 75% de seu valor, o que resultou na explosão da dívida externa do país e no estancamento de investimentos. Por fim, os desvios de recursos do orçamento para gastos militares cresceram excessivamente em decorrência da invasão das forças do RPF, a partir de outubro de 1990.

Nos três anos seguintes, o empenho das forças do governo de Ruanda em reprimir o RPF serviu também como fator desencadeador da volta de massacres, levando à movimentação de milhares de pessoas na região norte do país. O conflito étnico voltava à tona, gerando um *spill over* de atrocidades: o governo massacrava civis tútsis, o RPF arrasava aldeias hutus. Mais de um milhão de refugiados se aglomeram na fronteira com a Tanzânia e Uganda, gerando grande ônus regional. Era o fim da primeira experiência relativamente bem-sucedida de construção de uma estrutura estatal moderna, que possibilitou, apesar do curto período, a introdução de valores pró-direitos humanos. Essa experiência demonstrou não ter raízes profundas. A crise econômica, política e social criou as bases para o retorno de altíssima conflitualidade étnica na região.

DIVERSIDADE ÉTNICA, CONFLITOS REGIONAIS E DIREITOS HUMANOS

O conflito com o RPF serviu também para a erosão final do governo do presidente Habyarimana, que não suportou a pressão política doméstica e o aprofundamento da crise econômica, e, em 1991, promulgou nova constituição multipartidária. Em 6 de abril de 1992, após vigorosas pressões domésticas e internacionais, foi estabelecido um novo governo de transição que incluiu os principais partidos oposicionistas, tendo à sua frente Habyarimana como presidente e, como primeiro-ministro, Dismas Nsengiyaremye, principal líder da oposição e representante do Movimento Democrático Republicano (MDR) (Human Rights Watch, 1999). Ao mesmo tempo, "a oposição doméstica era veementemente acusada de colaborar com o RPF e com os tútsis, que eram mais e mais incitados como inimigos étnicos" (Sellström & Wohlgemuth, 1996). Em razão desse desenvolvimento histórico, os ingredientes que levariam à tragédia do genocídio étnico a partir de 1994 estavam dados.

Pouco foi feito, efetivamente, pela comunidade internacional para evitar a tragédia. A Bélgica e a França abstiveram-se de participar diretamente do conflito e acompanharam-no apenas a distância, sinalizando a necessidade da retomada das negociações para um processo de paz na região sob a tutela das Nações Unidas. Diferentemente, tanto o presidente da Tanzânia quanto o presidente do Zaire desempenharam papel importante ao promover um cessar-fogo na região e a aproximação entre os partidos em disputa. Pode-se dizer que um dos motivos para o engajamento da Tanzânia e do Zaire ser maior que o belga e o francês está relacionado aos impactos regionais do conflito, muito maiores para os africanos do que para os europeus. Após o desencadeamento do Processo de Paz de Arusha, por iniciativa dos Estados africanos, as Nações Unidas lhe deram apoio total e irrestrito, como sugeriram Bélgica e França, com a participação de numerosos grupos de direitos humanos que observavam a realidade em Ruanda.

TULLO VIGEVANI • MARCELO FERNANDES DE OLIVEIRA • THIAGO LIMA

O Processo de Arusha e o desencadeamento do genocídio

O Processo de Arusha, iniciado após o cessar-fogo selado entre governo, oposição e RPF para pôr fim aos conflitos étnicos, em 1992, foi desenvolvido no bojo da construção de um regime internacional de proteção aos direitos humanos por parte da ONU. Cabe lembrar que em 1992 preparava-se a conferência da ONU sobre direitos humanos, realizada em Viena no ano seguinte. O processo teve como mediadores, sobretudo, a Organização da União Africana e Tanzânia. Alemanha, Bélgica, Burundi, Estados Unidos, França, Senegal, Uganda e Zaire também estiveram presentes, assim como observadores da ONU. "A comunidade internacional, então representada na criação do tratado [de Arusha], prometeu também ajudar a implementá-lo provendo *peace keepers* das Nações Unidas" (Human Rights Watch, 1999).

O tratado tinha por objetivo consolidar a participação política tútsi em harmonia com a hutu no governo de Ruanda. Para tanto, os acordos previam o estabelecimento de um Estado de direito que tivesse como princípios básicos a unidade nacional, a democracia, o pluralismo e os direitos humanos. Todos os cidadãos gozariam dos mesmos direitos independentemente de sua identidade étnica, regional, religiosa e sexual. O sistema de cotas étnicas para distribuição de recursos, que preteria os tútsis, foi abolido e os refugiados tiveram o direito de retornar. O sistema multipartidário seria a base da democracia. Deveria ser estabelecidos também uma ampliação do governo de transição e, ao fim deste, eleições parlamentares com inclusão do RPF no jogo democrático (Human Rights Watch, 1999). A comunidade internacional parecia agir conforme a Figura 3.

Ficou decidido que o novo governo teria 21 ministros, sendo cinco do MRND, cinco do RPF, quatro do MDR, três

118

do PSD, três do PL e um do PDC. O CDR foi excluído. O novo governo teria como princípio decisões por consenso. Decidiu-se também a criação de Forças Armadas Nacionais unificadas que seriam comandadas de forma compartilhada entre governo, oposição e RPF. Por fim, como precondição à implementação dos acordos do Processo de Arusha, ficou estabelecida a criação de uma força internacional neutra, sob supervisão das Nações Unidas, que teria como função melhorar a segurança em Ruanda e, mais especificamente, operar nas áreas das fronteiras de Uganda e do Burundi a fim de desmilitarizar a região e proporcionar a credibilidade aos acordos. Enfim, o processo foi encerrado em 4 de agosto de 1993 (Sellström & Wohlgemuth, 1996). A intenção era criar um Estado compatível com os direitos humanos, que fosse representativo das etnias e agisse de acordo com leis elaboradas por esse governo democrático. A mobilização da comunidade internacional teria como objetivo estabelecer condições conforme a Figura 1 no Capítulo 3. Seria condizente com a Figura 3, não fosse a demora em agir. Essa demora reflete a inexistência de mecanismos automáticos para fazer valer os direitos humanos.

Entretanto, o acordo nunca entrou em vigor por uma série de fatores. Entre eles, o atraso no envio de tropas das Nações Unidas, o que denota distúrbios na concretização do regime internacional de proteção aos direitos humanos justamente no ano da Conferência de Viena de 1993. Disputas internas entre diferentes partidos, má vontade do presidente e de seu governo para concretizar as mudanças maiores e, sobretudo, a hostilidade étnica, que aumentou entre fins de 1993 e início de 1994, também fazem parte desses fatores. Como consequência, houve acirramento do processo de polarização que desencadeou uma guerra civil grave, ainda decorrente dos resquícios das barbaridades do passado.

Esta crise foi aprofundada a partir do dia 6 de abril de 1994, quando o presidente Juvénal Habyarimana, de Ruanda, e o presidente Cyprien Ntaryamira, do Burundi, que viajavam juntos, morreram em um misterioso desastre de avião. Ambos regressavam de uma Conferência de Paz na capital da Tanzânia, Dar-es-Salaam, que tinha sido convocada para discutir a implementação de um plano de convivência pacífica entre os dois países.

O episódio foi o estopim para o genocídio desencadeado durante a guerra civil aguçada de abril a julho de 1994. Durante cem dias, em Ruanda, os hutus massacraram tanto a população tútsi quanto os hutus moderados, acusados de traição, deixando aproximadamente oitocentos mil mortos e 2,3 milhões de refugiados que se dirigiram, sobretudo, ao Zaire, atual República Democrática do Congo, e à Tanzânia. As grandes migrações ocorreram em consequência da perseguição, da limpeza étnica e dos conflitos armados, e se tornaram causa constante de instabilidade, violência e deslocamentos da população até hoje.

O genocídio foi efetuado com uma brutalidade indescritível por homens, mulheres e mesmo crianças, com auxílio e apoio das milícias e extremistas hutus, que ocuparam o governo imediatamente após a morte do presidente Juvénal Habyarimana. O genocídio foi meticulosamente orquestrado pelo novo governo, com precisão no seu planejamento, organização e execução. Estimulados pelas mensagens de ódio étnico, soldados do novo governo, milícias hutus e moradores comuns iam de vila em vila exterminando homens, mulheres e crianças tútsis e hutus moderados pelo fuzilamento e espancamento.

> O governo interino fez muito pouco para parar ou mesmo se opor aos massacres em andamento no país. Ao contrário, pela documentação disponível em forma de entrevistas e discursos no rádio, representantes do governo antes negaram ou minimizaram a evidência dos assassinatos, e às vezes até os encorajaram. (Sellström & Wohlgemuth, 1996)

A polarização não era exclusivamente entre tútsis e hutus, mas entre extremistas hutus e tútsis e hutus moderados. Isso porque os extremistas eram contra o processo de abertura, o qual retiraria seu domínio sobre o Estado. Assim, para manter a posição dominante, o genocídio tinha dois objetivos básicos: eliminar a oposição e manter a legitimidade e a coesão dos hutus no poder, fomentando o ódio contra os tútsis e aqueles que com eles eram acusados de compactuar, os hutus moderados. Ficaria comprovado, ao menos nesse caso, que o argumento étnico visa legitimar as formas de domínio.

Após o início do genocídio, o RPF arregimentou-se no norte do país e avançou rapidamente sobre a capital, Kigali, durante os meses de abril e maio, mas sem capacidade de conter os massacres. A vitória sobre o governo extremista e as milícias hutus aconteceu pouco depois. Em 6 de julho de 1994 a capital foi tomada, o regime genocida entrou em colapso e em 18 de julho o RPF declarou o fim da guerra. Em seguida, anunciou-se um novo governo de coalizão composto por sete partidos. Esse governo foi chefiado por Pasteur Bizimungu na presidência e Faustin Twgiramungu como primeiro-ministro, ambos hutus moderados. Entretanto, o poder militar ficou nas mãos do Comando do RPF, com o general tútsi Paul Kagame, que se tornou em seguida vice-presidente e ministro da Defesa. As milícias hutus fugiram para a República Democrática do Congo (ex-Zaire) e levaram com elas dois milhões de refugiados hutus, que agravaram a instabilidade regional.

O PAPEL DA COMUNIDADE INTERNACIONAL E A BUSCA DE SOLUÇÕES

O papel da comunidade internacional foi bastante criticado durante esse episódio, sobretudo o desempenhado pela ONU. No momento em que o genocídio foi desencadeado havia 2.500 soldados da ONU em Kigali, que nunca foram autorizados a intervir. Enquanto o massacre tomava proporções assustadoras, o Conselho de Segurança da ONU aprovou uma resolução reduzindo sua força na região para somente 270 homens. Quando a pressão internacional para intervir cresceu sobre a ONU e sobre outros países, o processo de aprovação do retorno e envio de mais tropas foi vacilante e extremamente demorado. E quando efetivamente as operações de paz tiveram início, o genocídio já havia sido concretizado.

Essa realidade levou Romeo Dallaire, general canadense que comandava a força de paz, a afirmar mais tarde que a comunidade internacional foi responsável pelo massacre. "O genocídio ruandês ocorreu porque a comunidade internacional não deu a mínima para os ruandeses" (*Folha de S. Paulo*, 2004, A-12). Nessa direção, o secretário-geral da ONU, Kofi Annan, afirmou ainda que "a comunidade internacional é culpada pelos pecados da omissão". E completou, dizendo que "a comunidade internacional falhou em Ruanda e isso deve deixar-nos sempre com um senso de arrependimento".

A situação ruandesa se tornou fonte de preocupação para todos os países da região que, durante todo o período de inação da ONU, buscaram auxiliar no desenho de novos caminhos para a solução do problema. A questão étnica havia transcendido as fronteiras do Burundi, da República Democrática do Congo e de Uganda, todos eles com parcelas de tútsis e hutus. Os casos mais evidentes são os do Burundi e da República Democrática do Congo. No caso do Burundi, a realidade observada em Ruanda se repetiu, mas em menores proporções e com inversão de etnias – o massacre foi realizado pelos tútsis contra os hutus.

A relação com a República Democrática do Congo tornou-se mais complicada à medida que as forças rebeldes

DIVERSIDADE ÉTNICA, CONFLITOS REGIONAIS E DIREITOS HUMANOS

hutus se engajaram na derrubada do governo deste país, o qual havia tomado partido no massacre de comunidades tútsis por parte dos hutus e havia incitado os tútsis a voltarem para Ruanda. Nesse contexto, o governo ruandês auxiliou a derrubada do regime autoritário de Mobutu na República Democrática do Congo e também contribuiu para instar Kabila como presidente, o que permitiu a repatriação de dois milhões de refugiados ruandeses e a criação de um novo regime: a República Democrática do Congo.

Entre os países desenvolvidos, somente a França se envolveu com as questões da região, ainda que com pequenas ações paliativas, como a organização de Zonas de Segurança em torno dos grandes campos de refugiados. Paralelamente, as Nações Unidas sustentaram que a solução do impasse ocorreria somente pelo estabelecimento de um Estado de direito em Ruanda que fosse capaz de julgar e punir dentro da lei as atrocidades cometidas tanto contra tútsis quanto contra hutus. O governo ruandês já em 1997 deu início à reconstrução do país, bem como à punição dos culpados pelo genocídio.

Em março de 2000, movido pela incapacidade de construir maiorias e governar efetivamente, o presidente Pasteur Bizimungu renunciou ao cargo. No mês seguinte, os ministros e os membros do parlamento conduziram o vice-presidente, Paul Kagame, à presidência. Seus primeiros passos foram dados na direção da reconstrução da tradicional corte judicial "Gacaca", que teve o papel fundamental de conduzir de forma neutra os julgamentos dos responsáveis pelo genocídio. Porém, com a limitação de não julgar as ações impetradas pelos membros do RPF, ficando restrita, dessa maneira, a punição aos hutus e dando indícios de que a questão étnica em Ruanda permaneceria.

Em dezembro de 2001, Kagame instituiu uma nova bandeira e um novo hino para o país, visando uma unidade nacional. Em junho de 2002, a Corte Internacional de Justiça, ao condenar as ações da República Democrática do Congo contra Ruanda, abriu caminho para a assinatura de um acordo de paz entre os dois Estados. Em maio de 2003 foi instituída uma nova constituição com o objetivo de evitar novos genocídios, de acordo com a qual qualquer incitação étnica seria severamente punida. Em maio de 2003 Kagame é eleito presidente em uma vitória contundente nas primeiras eleições presidenciais pós-94. Em outubro, houve a primeira eleição parlamentar multipartidária, na qual os aliados de Kagame obtiveram vitória maciça. No entanto, observadores internacionais apontaram diversas irregularidades no pleito, que teria sido, assim, fraudado (*The Economist*, 2004).

Passados dez anos do genocídio, o governo de Ruanda busca julgar os culpados pelo genocídio de 1994 e reconstruir um Estado no qual valores como tolerância, igualdade e solidariedade sejam incorporados pela sociedade, possibilitando, dessa maneira, a convivência entre hutus e tútsis. Entretanto, o processo é extremamente conturbado dada a inexistência de uma estrutura estatal na região com capacidade de implementar e evitar violações do regime internacional dos direitos humanos, como elaborados a partir do pós-Segunda Guerra Mundial e supostamente universalizados na Conferência de Viena, em 1993. Ainda hoje é possível observar tensões étnicas em Ruanda e diversas falhas, negligências e mesmo ações do Estado que não são condizentes com as condições ideais para o gozo dos direitos humanos.

Ex-Iugoslávia

Os conflitos étnicos e regionais na ex-Iugoslávia são de particular interesse para o tema dos direitos humanos, de acordo com a perspectiva conceitual discutida nos capítulos anteriores. Neste caso, a autodeterminação contrapondo-se a um Estado multiétnico, a polarização étnica e a proeminência das questões relativas ao equilíbrio de poder regional, temas presentes em grande intensidade, impediram durante uma fase o estabelecimento de condições adequadas para os direitos humanos.

Este conflito é europeu e, como sabemos, as potências europeias são grandes partidárias dos direitos humanos. Porém, o que parece mais importante nos Bálcãs é o fato de essa região ser sensível geopoliticamente, o que mina, como dissemos, a automaticidade da atuação da comunidade internacional.

ORIGENS CONTEMPORÂNEAS DO CONFLITO

A Iugoslávia surgiu no cenário internacional como resultado da combinação dos processos de desintegração dos impérios Turco-Otomano e Austro-Húngaro e do nacionalismo exacerbado sérvio durante a transição do século XIX para o século XX. Ao fim da Primeira Guerra Mundial, os dois antigos impérios deram lugar, entre outros, a Estados como a Tchecoslováquia, Hungria e Reino dos Sérvios, Croatas e Eslovenos na Europa Central. Este último, mais tarde, tornou-se a República da Iugoslávia sob liderança da Sérvia. Esta elaborou um projeto "pan-eslavista" extremamente nacionalista, que tinha como objetivo reunir os povos eslavos dos Bálcãs para formar a Grande Sérvia, a qual teria sob sua jurisdição outras etnias que viviam na região. A história da região é rica em exemplos como esse, de grupos étnicos que desencadeiam campanhas sucessivas em prol da formação de Estados sob domínio da sua etnia, como os projetos da Grande Albânia, da Grande Croácia, da Grande Bulgária, da Grande Macedônia, da Grande Grécia etc., até os últimos projetos desencadeados durante a década de 1990, como veremos adiante.

A base de sustentação do recém-criado Reino da Iugoslávia, no período de 1918 a 1941, tinha como alicerce o compromisso de convivência pacífica entre as três etnias majoritárias na região – sérvios, croatas e eslovenos –, mais seis diferentes etnias minoritárias. A noção de identidade nacional tentou ser forjada em torno de ideais liberais sustentados por uma monarquia parlamentar, que tinha como principal desafio zelar pelo direito de autodeterminação de todas as etnias com base em sua própria nacionalidade. Os grupos étnicos entendiam-se como nações, mas buscou-se criar uma nação maior. Seguia-se o exemplo da experiência da Alemanha e da Itália na segunda metade do século XIX, ainda que nesses países a questão étnica fosse diminuta. Discutimos essa questão no Capítulo 1.

A fórmula para a unidade étnica e nacional da Iugoslávia mostrou sua fragilidade no período entre as duas guerras mundiais, de 1918 a 1939, evidenciando grandes contradições. Por um lado, no Estado recém-criado havia a prerrogativa de autodeterminação étnica como fundamento da nacionalidade e possibilidade de manter as tradições étnicas em seus territórios. Por outro, o Estado passou a ser dominado pela elite nacionalista sérvia, que buscou impor suas instituições como modelo a ser seguido pelos outros grupos étnicos. Em outras palavras, o desejo expansionista e a busca pela unificação nacional sob direção dos sérvios, pela centralização étnica do poder político no novo Estado, contra o direito de autodeterminação das outras etnias, principalmente a croata, rompiam os acordos que possibilitaram a formação da Iugoslávia, caracterizando o artificialismo da unificação, ao mesmo tempo que se tornava clara a inexistência de uma consciência nacional única. Tolerância e igualdade não se desenvolviam no nível político.

Nesse contexto, os partidos políticos croatas passaram a fazer oposição vigorosa ao governo central sérvio, obstruindo o trabalho do parlamento e dos órgãos do Estado, o que indicava assim que a questão nacional croata continuava aberta e mal resolvida. Posteriormente, os croatas passaram a organizar um movimento político que buscava uma de duas metas: a independência da Croácia e o retorno às suas fronteiras históricas, que incluíam a Bósnia-Herzegovina e partes da Sérvia da contemporaneidade, realizando dessa maneira o sonho da Grande Croácia; ou promover a causa nacionalista étnica e, por meio dela, estabelecer uma federação iugoslava, na qual fosse garantida ampla autonomia. Os políticos sérvios recusaram ambas as propostas. A de federação, por ser esse arranjo institucional estranho à sua história. Mas, sobretudo, permanecia o desejo de manter a Iugoslávia sob controle centralizado e sob seu domínio. Pesic (1996) assim sintetiza os momentos mais críticos: "... Duas políticas nacionalistas distintas lutaram por primazia no debate sobre o futuro político do país: o separatismo croata por um Estado independente e o centralismo sérvio por um Estado Iugoslavo sob seu domínio".

O impasse, somado aos problemas sociais, econômicos e políticos em rápida escalada, não permitiu a manutenção na Iugoslávia de uma monarquia parlamentarista. Como consequência, em 1929 o rei Alexander impôs a ditadura rejeitando a ideia de um estado liberal e, portanto, revogando o direito à autodeterminação como fundamento da nacionalidade do então Reino da Iugoslávia. Pela perseguição e repressão, o rei impôs sua própria versão de unidade nacional, que tinha como base uma extensa reorganização regional, cujo intuito era desfazer os laços entre as comunidades étnicas. Nesse período foi incentivada a transferência de populações sérvias em direção à Croácia e à Bósnia-Herzegovina.

A estratégia foi um fracasso e serviu para intensificar a insatisfação generalizada contra a monarquia na Iugoslávia, enfraquecendo, portanto, a elite sérvia. Esta, em 1934, percebeu que, cada vez mais, sua sobrevivência política dependia da solução da questão da Croácia. Nessa perspectiva, criou-se uma região administrativa croata, denominada Banovina. A região abrangia os lagos tradicionais da Croácia e consideráveis parcelas da Herzegovina e norte da Bósnia. Contudo, a manobra, em vez de solucionar o problema, reacendeu a discussão sobre a legitimidade do espaço territorial ocupado pelos sérvios (Pesic, 1996).

Em meio a essa discussão tem início a Segunda Guerra Mundial. A monarquia sérvia é afastada do poder pela Alemanha nazista, que escolheu os nacionalistas croatas como aliados na região. Estes proclamaram o Estado Independente da Croácia, de orientação fascista, reacendendo a problemática questão nacional na Iugoslávia, que culminou em profundas tensões étnico-religiosas. O resultado foi o genocídio de milhares de sérvios pelo novo Estado croata. "... As atrocidades étnicas cometidas pelo regime croata de Ustashe, apoiado pelos nazistas, deixaram uma inegável marca na consciência nacional sérvia, assim como na das pessoas que sofreram a retaliação sérvia" (Pesic, 1996). Estes eventos típicos, elementos importantes da mobilização étnica, reacenderam o desejo de criação da Grande Sérvia. Geraram também sentimentos recíprocos de vingança contra os responsáveis pelos genocídios. As duas etnias mais fortes da região marcaram uma na outra sentimentos de ódio e vingança, em uma lógica que impedia a acomodação política em um Estado.

Este clima de agressão mútua entre as etnias produziu um vácuo de poder na região que passou a ser preenchido pela resistência contra a invasão nazista, liderada por Tito, um croata que comandou os *partizans* – guerrilheiros comunistas. Tito aglutinou diferentes forças étnicas e, sob a bandeira da libertação da Iugoslávia, derrotou as forças nazistas e o Estado Independente da Croácia, que as havia apoiado. Da mesma maneira, as atrocidades cometidas durante a guerrilha comunista ficaram marcadas na consciência coletiva do povo croata.

Esses acontecimentos históricos são fundamentais para se entender os conflitos na região. Se as elites desses povos calcularam friamente quais os territórios, os recursos e as instituições do país deveriam controlar para se manter no poder, há indícios de que, se assim ocorreu (Cintra, 2001), certamente os sentimentos desses povos também contribuíram para a mobilização e para a ação. Tais acontecimentos dificultaram as possibilidades de enraizamento em profundidade, de convivência pacífica, de solidariedade e de tolerância na região. A experiência do governo de Tito, de 1945 a 1980, em parte mostrou alguma viabilidade na contenção por algum tempo dos nacionalismos exacerbados.

A vitória conquistada com pouco auxílio externo proporcionou a Tito condições favoráveis para ele tomar o poder e proclamar a República Popular da Iugoslávia, de orientação socialista, tornando-se líder iugoslavo até sua morte, em 1980. O "país dos eslavos do sul" recém-criado era constituído por seis repúblicas autônomas com direitos iguais: Sérvia, Croácia, Eslovênia, Montenegro, Macedônia, Bósnia-Herzegovina e mais duas províncias autônomas: Kosovo e Vojvodina.

A SOLUÇÃO SOCIALISTA PARA O FIM DOS CONFLITOS ÉTNICOS NA IUGOSLÁVIA

Durante a Segunda Guerra Mundial o marechal Tito auxiliou os "Aliados" e contribuiu decisivamente nos Bálcãs para a derrota do "Eixo nazifascista" e para a libertação da Iugoslávia. Quando o conflito terminou, a bandeira de expulsão dos invasores, de expropriação dos "inimigos de classe" e do fim dos massacres étnicos esgotou-se. Tornava-se explícita a necessidade de buscar soluções para a questão étnica e nacional no país.

Tito, por ser comunista, buscou suprimir as classes sociais e substituiu a polarização nacional, suas variantes étnicas e religiosas por um novo antagonismo: opressores e oprimidos. Considerou as classes dominantes sérvias e croatas opressoras e reconstruiu a unidade da Iugoslávia Socialista tendo como base a categoria de trabalhadores.

> Até o momento em que essa nova unidade estivesse completamente estabelecida, as nações seriam reconhecidas e constituídas como Estados soberanos, mas somente até que essa 'forma' pudesse ser transcendida por uma autêntica comunidade de trabalhadores. (Pesic, 1996)

Nesse projeto, a Liga Comunista centralizou e concentrou o poder estatal. Paulatinamente, formulou uma estrutura política federativa bastante peculiar, que tinha como base para a reconstrução da soberania do país tanto a categoria de trabalhadores quanto o viés étnico e nacional das várias regiões administrativas, as quais foram organizadas territorial e politicamente como repúblicas independentes. Como vimos, seis repúblicas foram estabelecidas: Croácia, Macedônia, Montenegro, Sérvia e Eslovênia. A Bósnia-Herzegovina tornou-se uma república somente em 1971, quando os muçulmanos foram considerados uma etnia nacional, da qual faziam parte muçulmanos sérvios e muçulmanos croatas. Criaram-se ainda duas províncias autônomas: Vojvodina e Kosovo. Outros grupos nacionais alcançaram o *status* de minorias com direitos culturais garantidos, como húngaros, tchecos, albaneses, búlgaros etc. Havia na região três grupos religiosos principais – ortodoxos, católicos, muçulmanos – e grande porcentagem de ateus. Três eram as línguas oficiais – servo-croata, macedônio e esloveno – e dois os alfabetos – latino e cirílico.

A peculiaridade institucional provocou três consequências principais: 1) várias etnias nacionalistas conquistaram sua própria nação, mas nela também vivia um número elevado

de membros de outras nacionalidades; 2) o direito à autodeterminação era controverso e não ficava evidente se ele seria
exercido pelas novas nações ou pelos povos como membros
dos grupos étnicos; portanto, não ficava claro se 3) as minorias
que habitavam uma república diferente da sua etnia deveriam
exercer sua cidadania em sua república original ou se poderiam exercê-la também na nação em que viviam.

O resultado da indefinição gerada pela peculiaridade
institucional da federação iugoslava impediu novamente a
emergência de um aparelho estatal moderno capaz de inter-
mediar os interesses entre os diversos grupos étnicos nacionais que habitavam a região. Apesar disso, os conflitos e os
massacres interétnicos cessaram. Em grande medida, foram
suprimidos pela liderança exercida pela Liga Comunista no
governo central, sob a tutela do marechal Tito. E a região
permaneceu assim, em relativa harmonia, pelo menos até a
morte de Tito, em 1980.

Contribuiu para tanto o relativo sucesso do socialismo
autogestionário que buscou descentralizar o máximo possível os recursos econômicos, parcialmente tirando-os das
mãos do governo central em prol das repúblicas autônomas,
o que possibilitou que cada região, obedecendo aos princípios básicos do comunismo, gerisse seu desenvolvimento
econômico. Esta experiência foi eficaz na melhora do nível
de vida na Iugoslávia que, embora abaixo dos padrões da Europa ocidental, era bastante superior ao dos demais países
do Leste Europeu. Tal situação conferiria sustentabilidade e
legitimidade ao governo comunista.

Normalizada a ordem doméstica, as divergências de Tito
com Stalin levam-no a se afastar da experiência soviética e
a ocupar uma posição peculiar no plano internacional, inclusive como protagonista da fundação do Movimento dos
Países Não Alinhados, em 1961. O afastamento da União
Soviética foi também utilizado como estratégia política para

conseguir auxílio dos Estados Unidos e de outros países. Estes viam no regime de Tito uma arma contra a União Soviética por sua neutralidade e relativa abertura ao Ocidente, e também como um cordão sanitário geopolítico fundamental que protegeria a Europa Ocidental de qualquer avanço soviético. Dessa maneira, Tito se legitimou aos olhos da comunidade internacional como uma alternativa viável para um amplo espectro de forças políticas após a Segunda Guerra Mundial. Estava distanciado da disputa bipolar entre Estados Unidos e União Soviética.

Isso não significa que não tenha havido tensões étnicas durante o período em que Tito governou. Seu diferencial foi justamente ter tido a capacidade de gerenciá-las adequadamente em benefício do Estado. O sistema constitucional da Iugoslávia foi alterado algumas vezes à medida que surgiam pressões. Sérvios pediam a manutenção da centralização política da república sob comando da Liga Comunista, enquanto croatas exigiam mais descentralização em direção à autonomia política das repúblicas, acompanhando o movimento na economia.

A posição croata predominou na federação após a realização do oitavo congresso da Liga dos Comunistas Iugoslavos, em 1964, com o repúdio dos sérvios. Ficou estabelecido que continuaria o movimento de descentralização na economia. Na política, essas mudanças levaram à promulgação de uma nova constituição em 1974. Antes dela, em 1971, o governo Tito criou a República da Bósnia-Herzegovina, mesmo contra a vontade de sérvios e croatas, com o objetivo de tornar a nova nação uma espécie de tampão de isolamento e amortecimento das crescentes tensões entre ambos.

A nova constituição estabeleceu que o governo central passaria simplesmente a representar e implementar as decisões tomadas previamente por consenso entre as repúblicas e as províncias, ampliando-se suas respectivas autonomias no âmbito doméstico e ficando esvaziadas as funções da Liga Comunista. Exceção foi feita à manutenção do poder supremo de Tito à frente das Forças Armadas Nacionais da Iugoslávia (JNA) e como presidente da Liga dos Comunistas da Iugoslávia (LCI), esta constituída por oito representantes das repúblicas e províncias, todos com poder de veto. Foi permitido ainda que as repúblicas e as províncias tivessem relações externas independentes e organizassem a defesa de seus respectivos territórios. A partir de então, "os depositários formais da soberania na Iugoslávia eram suas nações. Sem o acordo e a aprovação dos oito estados nacionais (seis repúblicas e duas províncias), a federação não poderia funcionar, como se não houvesse sua própria fonte autônoma de autoridade" (Pesic, 1996). Com isso, a pretensão da Sérvia de manter a unidade da Iugoslávia em torno de si, pelo governo comunista centralizado, não obteve sucesso. Gerou-se crescente descontentamento nessa república, exacerbado após a independência da Bósnia-Herzegovina que, mais tarde, seria um dos pontos centrais do conflito étnico na região, como veremos adiante.

Nas questões econômicas, o grau de autonomia foi ainda mais aprofundado. As empresas passaram a controlar e a regular a distribuição de recursos e investimentos sem intervenção do partido. Adotaram explicitamente mecanismos de mercado em seu processo de autogestão, em tentativa clara de combinação da planificação estatal descentralizada com o acréscimo de mecanismos reguladores de mercado, que foram eficazes no fortalecimento de uma mentalidade capitalista na região (Cintra, 2001).

Já na segunda metade da década de 1970, a Iugoslávia parecia tornar-se um capitalismo de estado sujeito às crises do período. Em outras palavras, a descentralização política combinada à abertura para a economia de mercado produziu o pano de fundo histórico para o dilaceramento da Iugoslávia e a explosão dos conflitos étnicos e dos genocídios na região, os quais vieram efetivamente a ocorrer após a morte de Tito, em 1980, que não deixou nenhum sucessor fortemente legitimado.

Em resumo, a unidade do Estado iugoslavo durante o período de governo de Tito apoiou-se em três pilares: monopólio político da liga comunista, sobretudo o controle das Forças Armadas; estrutura política federativa, que permitiu crescimento econômico superior ao do Leste Europeu, mas não foi capaz de criar sólidos laços federativos; e a neutralidade geopolítica, já que a Iugoslávia foi um dos Estados fundadores do Terceiro Mundismo. Assim, teve a função de "Estado-tampão", de "cordão sanitário" entre a Europa Ocidental e a União Soviética, do mesmo modo que foi uma alternativa socialista localizada menos ameaçadora para o mundo ocidental *vis-à-vis* o modelo soviético.

O RETORNO DOS CONFLITOS ÉTNICOS E DOS GENOCÍDIOS NA IUGOSLÁVIA PÓS-TITO

A combinação de numerosos fatores na transição da década de 1970 para a de 1980 levou à desintegração da Iugoslávia e ao retorno dos conflitos e genocídios étnicos em fins dos anos 1980 e durante a década de 1990. O fato marcante do início do período foi a morte de Tito, em 1980. Tornou-se ponto de partida de um longo período de crises que viriam a erodir o frágil sistema federativo que, se, por um lado, foi eficaz para unir as repúblicas durante quatro décadas, por outro, não o foi na elaboração de um Estado moderno com capacidade de responder adequadamente às demandas das diferentes etnias e gerenciar os conflitos entre elas, como sugere a Figura 1.

Na verdade, o marechal Tito desempenhou pessoalmente o papel de árbitro neutro no equilíbrio federativo da Iugoslávia. Após sua morte, a alternativa política en-

DIVERSIDADE ÉTNICA, CONFLITOS REGIONAIS E DIREITOS HUMANOS

contrada para sua sucessão foi uma presidência coletiva constituída pelos presidentes das repúblicas, sendo a chefia da Federação rotativa. Esse modelo político serviu para alimentar as desavenças entre os líderes das repúblicas e o desencadeamento de uma disputa visceral pela hegemonia do poder político na Iugoslávia. Isso porque cada governante que exercia a chefia da Federação tendia a formular apenas políticas favoráveis à sua etnia. Os sérvios desencadearam uma ação vigorosa pela manutenção da Iugoslávia, o que nas novas condições parecia favorecer o projeto de uma Grande Sérvia. O processo de cisão dos Estados iniciava-se pouco a pouco.

Simultaneamente, o país entrou em profunda crise econômica em virtude das transformações que vinham ocorrendo desde o fim dos anos 1970 no sistema internacional. Por causa do aumento das taxas de juros, combinado à queda de preços dos produtos iugoslavos no mercado internacional, houve sérias restrições externas ao crescimento. À época, 58% do total de débitos da Iugoslávia era com bancos privados norte-americanos.

A crise política doméstica e as restrições econômicas externas contribuíram para o desenvolvimento de um processo hiperinflacionário que levou à falência completa do modelo econômico planificado com mecanismos de mercado, o que gerou uma espiral negativa de recessão na Iugoslávia. Os sintomas mais visíveis da falência foram a média inflacionária entre 1985 e 1990, de 450% ao ano, a explosão do número de greves (2000 em 1998) etc.

O desmantelamento da Iugoslávia se tornou evidente quando foram postas na mesa de negociação as opções possíveis para a solução da vulnerabilidade econômica. Por indicação do FMI, a solução mais adequada deveria necessariamente passar pela adesão à economia de mercado e à liberalização política. A opção foi rejeitada veementemente pela liderança comunista. Entretanto, foi bem aceita na repúblicas interconectadas ao mercado internacional, Croácia e Eslovênia. Estabeleceu-se outro impasse que impediria a possibilidade de convivência das diversas nacionalidades sob a Iugoslávia unificada.

Eslovênia e Croácia seriam beneficiadas *vis-à-vis* as outras repúblicas por concentrarem-se na produção de bens exportáveis. Portanto, defendiam a ideia da adesão às reformas econômicas liberais e políticas, já que o crescimento econômico ocorreria apenas à medida que fossem criadas as condições para o aumento das exportações para o Ocidente, o aumento da produtividade e da eficiência microeconômica. Logo, a Federação deveria se concentrar em investir nessas repúblicas, que seriam responsáveis pelo desenvolvimento econômico do país. Esta perspectiva traduziu-se em uma posição política de busca pela ampliação da autonomia de ambas as repúblicas diante da Federação.

Nessa perspectiva, as outras repúblicas seriam prejudicadas, pois para a execução das reformas econômicas e políticas os mecanismos de promoção de desenvolvimento concentrados na Federação deveriam ser desmantelados, o que poderia deixá-las totalmente à mercê do mercado, sem nenhuma garantia de proteção (Cintra, 2001). Além disso, a abertura política era percebida como diminuição de poder das repúblicas contrárias à liberalização. As repúblicas percebiam diferentes oportunidades para seu desenvolvimento e essas percepções foram incorporadas pela polarização étnica, aumentando as rivalidades.

Outros atores relevantes nessas discussões foram o Exército e a elite comunista. Receosos de perder privilégios conquistados no período do governo Tito, ambos adotaram a defesa do *status quo*, ou seja, abertura econômica lenta e manutenção da Federação com concentração de poder político.

DIVERSIDADE ÉTNICA, CONFLITOS REGIONAIS E DIREITOS HUMANOS

Nesse contexto, o "fiel da balança" no desenrolar da dinâmica da desintegração iugoslava foi a Sérvia. Logo após a promulgação da Constituição de 1974, as elites sérvias apresentaram grande descontentamento com o modelo federativo. Em primeiro lugar, argumentavam que, apesar de suportar grande parte do ônus da federação, seus interesses, na maioria das vezes, eram bloqueados por uma coalizão anti-Sérvia no governo central que utilizava frequentemente o poder de veto das repúblicas menores sobre suas políticas domésticas. A Sérvia, por sua vez, não tinha a mesma prerrogativa em relação a elas. Vale ressaltar que o desequilíbrio gerado pela Federação, no sentido de privilegiar uma etnia contra a outra, foi responsável pelo desencadeamento de conflitos étnicos e genocídios, como veremos.

A independência concedida em 1971 à Bósnia-Herzegovina, aliada à movimentação das populações etnicamente albanesas contra a opressão, e à reivindicação de criação de uma república em Kosovo, em 1981, serviu como pano de fundo para o início da reação nacionalista sérvia. Essa última questão, sobretudo, tornou-se um dos pontos centrais do conflito étnico e *locus* de genocídio na região.

Em suma, diversos fatores e acontecimentos desse período devem ser considerados para se entender os conflitos étnicos que tão severamente feriram os direitos humanos na ex-Iugoslávia. A profunda recessão econômica nos anos 1980, originada nas crises internacionais do período, e as diferentes propostas para sua solução baseadas em interesses regionais aguçaram a crise. No campo político nota-se a defesa do *status quo* pela elite comunista e pelas Forças Armadas. Os sérvios, particularmente, acreditavam que a Federação lhes impunha altos custos e raros benefícios, além de interpretarem como afronta a concessão da independência da Bósnia-Herzegovina em 1971. A percepção sérvia foi reforçada pelo apoio dado por alguns à formação de uma república em Kosovo, em 1981, tendo como base a etnia albanesa.

O Estado iugoslavo mostrou-se incapaz de construir instituições para a promoção de solidariedade, tolerância, legitimidade e soberania, fundamentais para a existência de um Estado de direito eficaz na promoção da convivência pacífica entre etnias e na proteção dos direitos humanos. A Iugoslávia, no fim da década de 1980 e início da de 90, vivia os últimos estágios de erosão dos elementos constitutivos da ordem regional prévia, sustentada por Tito, processando-se uma total desintegração política e econômica com exacerbação de variantes do nacionalismo étnico que haviam sido contidas por quatro décadas na região. Como resultado, o país entra diretamente em uma fase de fragmentação e guerra civil, marcada por uma espiral perversa de ódio e conflito interétnico, em total desrespeito aos direitos humanos.

CRISE NA IUGOSLÁVIA E CONFLITOS ÉTNICOS NA DÉCADA DE 1990

No contexto da desagregação dos regimes comunistas da Europa centro-oriental, no fim da década de 1980 e início da década de 1990, especificamente na Iugoslávia, houve uma escalada das reivindicações separatistas. Reivindicações essas desencadeadas, em certa medida, pelo comportamento de parte da elite sérvia que havia participado da Liga Comunista que, liderada por Slobodan Milosĕvic, considerado por alguns um "empresário de identidade", retomou seu discurso nacionalista pela expansão inclusiva de territórios total ou parcialmente sérvios etnicamente.

O comportamento da liderança sérvia contribuiu para o aumento das rivalidades nacionalistas e interétnicas que corroíam o país. Consolidou entre os líderes das outras repúblicas iugoslavas a percepção de que a Sérvia constituía grande ameaça a seus interesses. Paulatinamente foi se

DIVERSIDADE ÉTNICA, CONFLITOS REGIONAIS E DIREITOS HUMANOS

cristalizando, por um lado, consenso sobre a necessidade de pôr fim ao antigo sistema político e, por outro, profundas discórdias entre as etnias sobre como fazê-lo.

Em janeiro de 1990, a Liga Comunista se dividiu entre as linhas étnicas. Os sérvios passaram a dominá-la e a utilizá-la como instrumento pró-unificação de todos os territórios que consideravam dever estar sob seu controle. O descontentamento das outras etnias elevou-se e com ele aumentou o número de manifestações em Kosovo, de maioria albanesa. Como represália, as Forças Armadas da Iugoslávia, lideradas pelos sérvios, executaram inúmeras pessoas e a violência explodiu na província, marcando o primeiro período da crise iugoslava nos anos 1990. O episódio tornou evidente a fragilidade da Federação iugoslava na função de proteção dos direitos humanos de sua população, uma vez que, como demonstramos no Capítulo 3, suas estruturas políticas, jurídicas e militares foram monopolizadas por um grupo étnico que passou a utilizá-las contra interesses essenciais de outros grupos étnicos pertencentes à mesma jurisdição.

Nesse contexto, aproveitando-se da relativa abertura política, com pluripartidarismo e eleições gerais, no início dos anos 1990, vários líderes não socialistas/comunistas vitoriosos em eleições trataram de proclamar a independência de suas respectivas repúblicas *vis-à-vis* a Federação da Iugoslávia. Na Sérvia os resultados de um *referendum* indicavam a necessidade de manter a Iugoslávia um Estado de um só partido, com restrições à autonomia étnica em Kosovo e Vojvodina.

Nessa direção, em 1991 a Eslovênia e a Croácia foram as primeiras repúblicas a proclamar suas independências contra os interesses e os ideais da Sérvia, que, por sua vez, invadiu esses territórios, desencadeando um conflito violento. Na Eslovênia o conflito foi relativamente breve e ao seu fim a república foi oficialmente reconhecida como nação livre pela assinatura do Acordo de Brioni. Muitos consideram que isso foi possível porque a população da Eslovênia possuía composição étnica homogênea, o que proporcionou força suficiente para o rompimento com a Federação iugoslava. A mesma homogeneidade, de certo modo, possibilitou rápida reconstrução de um Estado organizado em torno da ideia de nação e de respeito mútuo entre os indivíduos que o compõem, facilitando assim a emergência de conceitos como solidariedade e tolerância, fundamentais para o respeito aos direitos humanos.

Diferentemente da Eslovênia, não havia homogeneidade étnica na Croácia, visto que 12% da população era constituída por sérvios. As lembranças dos confrontos e das perseguições da Segunda Guerra Mundial, as posições pouco tolerantes do governo croata, as provocações contínuas de ambos os lados e a falta de correspondência entre território e concentração étnica criaram as condições para que o grupo sérvio na Croácia se alinhasse aos nacionalistas sérvios. Estes, por sua vez, utilizando-se das Forças Armadas da Iugoslávia, invadiram territórios croatas.

O conflito generalizou-se nas províncias onde a população sérvia era majoritária, principalmente na região da Krajina. Milícias sérvias com o apoio do Exército iugoslavo rapidamente dominaram grandes áreas do território croata e declararam a autonomia da República Sérvia da Krajina em 19 de dezembro de 1991, com capital em Knin, incluindo as regiões croatas da Eslovênia e Krajina. Durante a ocupação, a população de etnia não sérvia sofreu todo tipo de violência e atentado contra direitos humanos por parte de um aparelho de Estado constituído para garantir os interesses sérvios em território croata.

Durante esse período, em 15 de janeiro de 1992, a Comunidade Europeia, liderada pela Alemanha, reconheceu a independência da Eslovênia e da Croácia. Foi a primeira

DIVERSIDADE ÉTNICA, CONFLITOS REGIONAIS E DIREITOS HUMANOS

vez que a comunidade internacional e a ONU se envolveram nessa questão, e o fizeram pelo envio de uma missão de paz das Nações Unidas para conter a violência étnica e amenizar os desrespeitos aos direitos humanos. Desencadeava-se um processo de ajuda humanitária internacional. Em seguida, pela Resolução 743 do Conselho de Segurança das Nações Unidas de 21 de fevereiro de 1992, foi estabelecida a Força de Proteção das Nações Unidas na Iugoslávia (Unprofor), que desenvolveu o Plano Vance. Em resumo, ele previa a proteção de áreas do território croata e obteve o compromisso de ambas as partes de desmilitarização da região e de busca por uma solução pacífica da questão.

Entretanto, as ideologias ultranacionalistas croata e sérvia insuflaram suas populações uma contra a outra, aumentando o clima de desconfiança e polarização étnica, cada qual em torno de um aparelho estatal. Como consequência, as negociações para a solução do conflito não avançaram. Como fator complicador, o Plano Vance foi perdendo legitimidade diante da incapacidade das Nações Unidas para executá-lo adequadamente.

O resultado do relativo fracasso das Nações Unidas foi a escalada do ódio étnico entre croatas e sérvios e o desencadeamento, por parte de cada aparelho estatal dominado e utilizado por suas clivagens étnicas, de violência generalizada, tornando-se evidente a fragilidade dos mecanismos internacionais de proteção aos direitos humanos. Tal resultado comprova ainda a ideia de que a ausência de um Estado neutro, no sentido de respeitador de leis e impessoal, pode impossibilitar o desenvolvimento de conceitos fundamentais para o respeito aos direitos humanos, como tolerância, solidariedade, legitimidade, autodeterminação e igualdade.

Os desdobramentos dessa espiral de violência tiveram outros episódios. Um bastante importante ocorreu no início de 1993, quando as Forças Armadas da Croácia executaram uma operação militar-surpresa visando recuperar seus territórios. Os resultados obtidos em um primeiro momento foram positivos para os croatas, porém rapidamente anulados pela reação sérvia. Definitivamente o Plano Vance foi abandonado. O Conselho de Segurança da ONU passou a aprovar sucessivas resoluções de extensão das forças de paz na região, mas não obteve nenhum resultado para a solução dos problemas.

Na sequência da espiral de violência, outro episódio de destaque ocorreu na autoestrada Zagreb-Belgrado. Croatas fizeram, em 1º de maio de 1995, um ataque-relâmpago sobre a Eslavônia Ocidental, reconquistando-a. A motivação principal da ação militar está identificada com o período eleitoral, tendo o ataque sido utilizado pelos líderes croatas como instrumento para aglutinar forças e conquistar a vitória no pleito. Novamente a exploração populista da questão étnica emergiu como opção política para a conquista do poder. Em retaliação, em 2 de maio, sérvios atacaram Zagreb, provocando centenas de mortos. A questão da Croácia começou a ser resolvida apenas em meio à crise de Kosovo, em 1999, após a intervenção efetiva da Otan contra a Sérvia, legitimada pela ONU.

Apesar da violência e do fracasso da ONU no conflito servo-croata, houve casos de maiores abusos contra os direitos humanos, tendo como base a questão da etnia, em outras áreas. Quase paralelamente à invasão da Croácia pelas milícias sérvias com apoio das Forças Armadas iugoslavas, em 1992, a Bósnia-Herzegovina declarou sua independência após *referendum*, em 29 de fevereiro. Muçulmanos e croatas que viviam na república votaram pela separação da Federação da Iugoslávia. Os sérvios votaram contra e foram derrotados. Por isso, os sérvios passaram a montar barreiras nas estradas e isolar as cidades enquanto um novo parlamento era empossado.

DIVERSIDADE ÉTNICA, CONFLITOS REGIONAIS E DIREITOS HUMANOS

A situação fez com que a arena de uma guerra aberta fosse transferida da Croácia para a Bósnia, que se dividiu em linhas étnicas (mulçumanos 44%, sérvios 36% e croatas 20%), iniciando-se uma violenta guerra civil. Cada uma das etnias rompeu seus laços de solidariedade com a antiga Federação da Iugoslávia e passou a criar identidades políticas, ideológicas e religiosas sob novas lideranças. As várias etnias almejavam reconstruir um novo aparelho de Estado, mais legítimo e que respondesse aos interesses de sua clivagem étnica, sobretudo o da segurança em território bósnio.

Nesse contexto, cada etnia percebia a outra como uma barreira para a concretização de seus interesses. Assim, eram alvos potenciais de ódio e intolerância, que levariam à violação mútua e sistemática de direitos humanos na Bósnia-Herzegovina. A inexistência de legitimidade prejudicou o desenvolvimento de solidariedade entre a parcela do povo que queria a separação e o restante da sociedade. O sentimento nacional não foi capaz de agregar a totalidade da sociedade. Logo, a violência étnica tornou-se legítima como prática de autodefesa.

Receosa dos possíveis impactos da crise na Europa, no início de 1992, a Comunidade Europeia propôs um plano de paz para a região que tinha como objetivo criar uma confederação. Propunha uma "Confederação" na Bósnia. Houve um avanço inicial nas negociações, entretanto na fase final os muçulmanos rejeitaram o plano e se recusaram a assumir compromissos diferentes da construção de um Estado centralizado na Bósnia.

Após o fracasso, iniciaram-se os confrontos étnicos em Sarajevo. As milícias sérvias, bem armadas, dominaram rapidamente metade da Bósnia, atacaram os vilarejos muçulmanos e expulsaram seus habitantes. Muitos se refugiaram em Sarajevo, onde ocorreram os mais violentos combates. Em agosto de 1992, os sérvios controlavam mais da metade do território bósnio. Nessa época ficaram conhecidos pela opinião pública internacional a prática da limpeza étnica das áreas ocupadas, os campos de concentração, os estupros, enfim, todo tipo de violência contra muçulmanos e croatas. Foram divulgadas informações de que os sérvios rotineiramente estupravam mulheres muçulmanas e prendiam e executavam os homens.

Os dirigentes croatas, por sua vez, já em disputa com os sérvios, resolveram também intervir na Bósnia para a proteção dos cidadãos croatas. Em um primeiro momento, croatas, muçulmanos e croatas-bósnios se alinharam contra os sérvios e praticaram atrocidades nos territórios recuperados. Porém, de nada adiantou. Os sérvios continuaram a jornada de violência generalizada na Bósnia que, sem um aparelho estatal legítimo capaz de arbitrar conflitos de maneira institucionalizada, teve parte de sua população massacrada. O Estado, tal como exigido para a proteção de direitos humanos, inexistia e a comunidade internacional não agia com ímpeto.

As atrocidades dos sérvios contra as demais etnias, aprofundadas pela reação da Croácia, tornaram a Bósnia palco do conflito mais violento na Europa depois da Segunda Guerra Mundial. Isso acabou gerando consenso global pela intervenção humanitária da ONU na região. Porém, inicialmente, as ações da ONU não foram decisivas. A organização restringiu-se a aprovar poucos auxílios financeiros e ajuda humanitária. Expandiu o mandado da Unprofor e aprovaram-se resoluções no Conselho de Segurança visando garantir a segurança de aeroportos para que houvesse pleno acesso ao país. No entanto, o envio de tropas foi bastante pequeno. O acirramento do conflito levou a ONU a restringir ainda mais sua ação, limitando-se a lançar sobre a região alimentos e remédios para a população.

DIVERSIDADE ÉTNICA, CONFLITOS REGIONAIS E DIREITOS HUMANOS

Paralelamente, a comunidade internacional buscou encontrar novas soluções para o conflito. Foi lançado no início de 1993 o Plano Vance-Owen, que representou uma primeira tentativa de intervenção humanitária em prol da restauração das condições necessárias à proteção dos direitos humanos. Toda tentativa, porém, esbarrava na devolução dos territórios ocupados pelas milícias sérvias. Após alguns meses de impasse, os sérvios rejeitaram definitivamente o Plano Vance-Owen em referendo realizado em 16 de maio de 1993. Novamente a violência explodiu na Bósnia.

A polarização étnica e a solidariedade forjada pela dor aproximaram croatas e muçulmanos-bósnios, que se uniram contra os sérvios e realizaram pequenas operações militares contra suas bases, apoiados pela primeira vez pela Otan. Em represália, sérvios responderam capturando soldados das forças de paz, tornando-os escudos humanos contra a investida dos inimigos. Além disso, lançaram granadas e morteiros em locais públicos como mercados, atingindo inúmeros civis, e estabeleceram um cerco à cidade de Sarajevo.

O secretário-geral das Nações Unidas solicitou que a Otan promovesse ações aéreas contra as forças sérvias. Em 9 de fevereiro de 1994 é dado um ultimato aos sérvios da Bósnia, os quais teriam dez dias para retirar toda a artilharia pesada para além de uma zona de exclusão – 20 quilômetros – do centro de Sarajevo. Simultaneamente, os muçulmanos foram autorizados a ocupar Sarajevo sob a bandeira das Nações Unidas.

Em 1995, forças sérvias, desrespeitando determinações da ONU, invadiram cidades declaradas "invioláveis" e mais uma vez foram acusadas de praticar limpeza étnica. O general sérvio Ratko Mladic é acusado de coordenar a execução de oito mil muçulmanos bósnios e o presidente Radovan Karadzic é apontado pela ONU como responsável por crimes de guerra.

Em represália, a Croácia deu suporte ao governo bósnio e desencadeou a "Operação Tempestade", que foi eficaz na retomada de várias regiões da Bósnia e da Croácia até então sob controle sérvio. Como resultado, milhares de refugiados sérvios fugiram para a Bósnia e para a Sérvia. As forças croatas definitivamente juntaram-se às muçulmanas e avançaram sobre a Bósnia, recuperando boa parte dos territórios ocupados. Durante essa operação, muçulmanos e croatas, da mesma forma, foram acusados de praticar "limpeza étnica".

Os sérvios, acuados, cercaram Sarajevo. A Otan, em resposta, realizou ataque aéreo e autorizou o uso de meios terrestres da Força de Reação Rápida (FRR) contra as posições sérvias, em convergência com os ataques de muçulmanos bósnios e croatas. A estratégia quebrou o cerco que os sérvios até então vinham impondo, permitindo o estabelecimento de rotas de abastecimento da cidade. Praticamente derrotados, os sérvios recuaram e aceitaram negociar um cessar-fogo.

Em novembro de 1995, em Ohio, nos Estados Unidos, foi assinado o acordo de Dayton, que previa a divisão do território. Criava-se uma federação muçulmana-croata com 51% das terras e uma república sérvia com 49%. As duas partes seriam supervisionadas por um governo central. Em complemento, em dezembro, os presidentes da Bósnia, Sérvia e Croácia assinaram o Tratado de Dayton, pondo fim a três anos e meio de guerra. Ficou acordado que a Otan enviaria tropas para manter a paz na região.

A guerra da Bósnia (1992-95) foi o conflito europeu mais violento desde a Segunda Guerra Mundial. Teve cerca de duzentos mil mortos e mais de um milhão de refugiados, tendo gerado imenso ônus na região. Aproximadamente dez mil pessoas foram mortas somente no cerco a Sarajevo. A guerra tornou-se um dos episódios nos quais houve maior violação de direitos humanos na história contemporânea.

DIVERSIDADE ÉTNICA, CONFLITOS REGIONAIS E DIREITOS HUMANOS

A GUERRA DE KOSOVO

No fim da década de 1990 explodiu o conflito étnico em Kosovo. A população da região, os kosovares, é majoritariamente albanesa (90%) e se considera descendente dos povos balcânicos pré-românicos que, antes da ocupação romana, habitavam a região da Albânia, de Kosovo e Oeste da Macedônia.

Suas diferenças com o povo sérvio datam do século XII. Após a Batalha de Kosovo, na qual turcos otomanos ocuparam a área, os sérvios expulsos ou refugiados foram para o Norte, em Vojvodina e Krajinas. A derrota sérvia levou à decadência do Reino dos Sérvios, que foi submetido ao Império Turco-Otomano. Os albaneses, islamizados, acabaram privilegiados e tornaram-se aliados dos turcos, assumindo cargos elevados na administração otomana. A batalha é um marco histórico e mítico para a Sérvia. Faz parte, inclusive, de seu calendário nacional de comemorações.

A Sérvia recuperou Kosovo somente no fim das guerras balcânicas (1912-13). Durante a Segunda Guerra Mundial a região foi anexada à Albânia ocupada pelos italianos, mas ao fim dos conflitos passou a integrar a Iugoslávia socialista de Tito, como parte da República da Sérvia. Tito progressivamente foi dando autonomia a Kosovo. Nessa direção, em 1946 criou a Região Autônoma do Kosovo-Metohija. Na constituição de 1974 foi fundada a Província Autônoma do Kosovo, com governo e parlamento próprios, além de assento na presidência coletiva da Federação da Iugoslávia. Em 1981, uma manifestação da etnia albanesa exigia a independência da região e a elevação do seu *status* jurídico de província para república. Houve dura repressão por parte dos sérvios e do Exército iugoslavo.

Grupos permaneceram agindo na clandestinidade em busca da independência. Nesse contexto, em 1989, Slobodan Milosĕvic ocupa e anexa a região à Sérvia provisoriamente. A ação motivou grupos paramilitares kosovares, de origem albanesa, a se organizarem visando conquistar a independência da região. Em 22 de setembro de 1991, em um referendo clandestino, os kosovares foram favoráveis à independência, que não foi reconhecida internacionalmente.

Alguns meses depois, em 24 de maio de 1992, a maioria albanesa de Kosovo elegeu, em eleições não oficiais, o escritor e líder da Liga Democrática de Kosovo (LDK), Ibrahim Rugova, seu presidente. Rugova adotou um estilo político moderado, evitando confrontos com os sérvios. Defendeu a permanência de Kosovo na Iugoslávia, mas com o *status* de república, a partir da qual os kosovares criaram uma autêntica sociedade paralela, com as suas escolas e instituições independentes do governo sérvio.

Essa resistência passiva evitou, em um primeiro momento, confrontos violentos entre as diferentes etnias. Entretanto, não logrou nenhuma solução duradoura. Ao contrário, auxiliou o aprofundamento das clivagens étnicas e religiosas em Kosovo, incentivando albaneses a consolidar identidade própria, fortalecendo solidariedade, tolerância e sentimento nacional no quadro de um novo Estado de caráter étnico, contraposto à República da Sérvia. Esta, por sua vez, sob liderança de Milosĕvic, havia adotado um discurso ultranacionalista e tinha como projeto constituir uma Sérvia expandida no espaço da antiga Federação da Iugoslávia, o que já havia motivado as invasões da Eslovênia, Croácia e Bósnia, como visto. O complicador em Kosovo foi o fato de a Sérvia considerar a região a semente da sua história, cultura e herança, enfim, a Jerusalém sérvia.

Novamente, a clivagem étnica e religiosa mobilizou albaneses e sérvios em torno de seus respectivos aparelhos estatais em Kosovo. Os ingredientes principais para a elevação do nível do conflito étnico estavam postos. Entre eles, como vimos no Capítulo 3, inexistência de solidariedade

DIVERSIDADE ÉTNICA, CONFLITOS REGIONAIS E DIREITOS HUMANOS

e de tolerância, falta de um Estado de direito e democrático que garantisse o respeito à igualdade, à liberdade, às condições de acesso à riqueza e aos benefícios públicos para todas as partes, requisitos mínimos para o respeito aos direitos humanos.

A crise econômica na Iugoslávia, agravada pelas sanções da comunidade internacional em retaliação à intervenção sérvia na Bósnia, agravou o quadro e coincidiu com a intensificação do conflito em Kosovo. A estratégia de resistência passiva desenvolvida pelo presidente Rugova começou a perder legitimidade, sobretudo pelo aumento da discriminação e da perseguição da comunidade albanesa pelos sérvios no governo da província. O descontentamento da população se generalizou, tornando-a vulnerável ao discurso fervoroso pela independência de Kosovo. Tal discurso foi posto em prática pelos nacionalistas albaneses, que se organizaram como Exército de Libertação do Kosovo (ELK) para concretizar a antiga demanda de ruptura com a Iugoslávia e a união de Kosovo com a Albânia. O ELK agiu pela primeira vez em 1992 na Macedônia. Em 1995, executou outra ação armada contra a polícia sérvia em Kosovo, o que lhe rendeu o título de grupo terrorista.

A partir daí a situação em Kosovo agravou-se mais. Principalmente após o Tratado de Dayton, que beneficiou a Bósnia-Herzegovina em detrimento dos interesses dos albaneses. Descontentes, os albaneses deram início a inúmeras manifestações exigindo melhores condições de vida e auxílio internacional. As manifestações foram violentamente reprimidas pela polícia sérvia. A população albanesa, cada vez mais, passou a simpatizar com o discurso e a apoiar o ELK, que aprofundou suas ações violentas contra os sérvios e contribuiu para generalizar os conflitos em Kosovo.

Imediatamente a comunidade internacional constituiu um Grupo de Contato para solucionar pacificamente o conflito. Em complemento, em março de 1998, a ONU, pela Resolução 1160 do Conselho de Segurança, condenou a utilização da violência em Kosovo. Em seguida, o Grupo de Contato propôs "o fim das hostilidades, o regresso de refugiados, a retirada das forças militares sérvias e o monitoramento por observadores internacionais" (ONU, 2004). Após complexas negociações e muita pressão internacional, a República da Sérvia aceitou o acordo e, em outubro de 1998, é estabelecida a Kosovo Verification Mission (KVM).

Contudo, o conflito não cessou. A escalada da violência atingiu seu ápice em janeiro de 1999, com um alegado massacre de civis albaneses na povoação de Racak, em Kosovo, pela polícia sérvia. De novo, a ONU patrocinou conversações entre as partes em Rambouillet, na França, de 7 a 17 de fevereiro de 1999, onde propôs um novo acordo no qual se previa "a autonomia de Kosovo, a sua desmilitarização e o estabelecimento de uma força de manutenção da paz com militares da OTAN" (ONU, 2004). A proposta foi rejeitada pela República da Sérvia e assinada pelos representantes albaneses de Kosovo.

A Otan ameaçou, com apoio da ONU, realizar ataques aéreos caso a República da Sérvia mantivesse sua posição. Milosěvic não apenas ignorou a ameaça como deslocou mais forças militares para Kosovo. Além disso, passou a utilizar o argumento étnico para unir a população sérvia contra o terrorismo do ELK e contra a intervenção estrangeira na soberania nacional da Sérvia. Em resposta à atitude de Milŏsevic, os sérvios de Kosovo deram-lhe apoio e, de maneira generalizada, desencadearam uma onda de massacres contra os muçulmanos albaneses, que passaram a fugir para a Albânia, Montenegro e Macedônia. Por sua vez, esses países bloquearam suas fronteiras e as grandes levas de refugiados ficaram à mercê das forças sérvias.

Diante do impasse das negociações, das imagens dos refugiados e das notícias de limpeza étnica perpetrada con-

DIVERSIDADE ÉTNICA, CONFLITOS REGIONAIS E DIREITOS HUMANOS

tra os muçulmanos albaneses, em março de 1999 a Otan declarou guerra à República da Sérvia. A operação Allied Force, desencadeada em 24 de março de 1999 por opção do governo Clinton nos Estados Unidos, visava evitar perdas dos próprios soldados, elegendo por isso como estratégia o bombardeio aéreo. Nessa perspectiva, os Aliados bombardeiam as principais cidades da República da Sérvia e pressionam Miloševic a abandonar Kosovo. Ironicamente, os ataques "cirúrgicos" da Otan acabaram destruindo prédios residenciais, comboios de refugiados e até mesmo uma representação diplomática da China. Em represália aos ataques da Otan, as forças sérvias intensificaram as operações em Kosovo, aprofundando sistematicamente a limpeza étnica da população albanesa, o que causou tragédia humana igual ou superior à ocorrida na Bósnia.

As forças da Otan intensificaram os bombardeios e depois de três meses de ataques aéreos, milhares de civis mortos e a destruição quase completa da infraestrutura da República da Sérvia, Miloševic se rendeu e suas tropas bateram em retirada. Como resultado, Kosovo tornou-se um protetorado militar administrado pela ONU, mas continua a pertencer formalmente à Sérvia. Esse arranjo mostra a dificuldade da comunidade internacional para arbitrar questões de secessão, autodeterminação e soberania.

A região se mantém em situação tensa, já que uma solução satisfatória não foi ainda alcançada. Isso porque a solução passa, como vimos, pelo estabelecimento consensual entre as partes de um Estado capaz de garantir liberdade, igualdade e prosperidade. Esse ambiente criaria as bases para a convivência pacífica entre as etnias presentes na região. "Uma ação militar que traz êxodo e mágoas não pode atingir uma paz muito longa" (ONU, 2004).

Nessa direção, a proposta sugerida pela Comunidade Internacional foi a punição dos responsáveis pelos crimes e pelas atrocidades contra a humanidade, principalmente de Slobodan Milosĕvic, que acabou sendo extraditado para o Tribunal Internacional de Haia, onde foi julgado. Tropas da missão internacional de peace keeping ocuparam o país após o encerramento dos bombardeios. Banco Mundial, Estados Unidos e União Europeia comprometeram-se a colaborar com mais de US$ 2 bilhões para a reconstrução da região.

Contudo, os auxílios parecem não ter sido suficientes para a solução dos conflitos étnicos, antes proporcionaram aos albaneses a oportunidade da revanche que resultou na expulsão e emigração de 180 dos 200 mil sérvios que compunham a minoria étnica de Kosovo em 2000. Apesar disso, a região deixou de ser alvo do noticiário, tornando-se tema marginal da agenda internacional, sobretudo depois de 11 de setembro de 2001.

Glossário

Conflito étnico – Tipo de conflito cujo eixo é a identidade étnica. Pode ocorrer entre Estados, mas é visto com mais frequência no interior deles, pois raramente os Estados possuem homogeneidade étnica.

Direitos Humanos – A noção contemporânea de Direitos Humanos tem origem no conceito filosófico dos direitos naturais. Com base nele, no momento da emergência da modernidade ocidental, passou-se a conceber cada ser humano como sujeito singular, provido de direitos naturais fundamentais, inalienáveis e intransferíveis, os quais teriam sido atribuídos como inatos ao homem pela vontade divina. Entre eles, estão os valores de dignidade moral, liberdade, igualdade política, livre expressão, segurança, existência, posse de bens etc., o que corresponde a direitos humanos de Primeira Geração.

Com o tempo foram-se elaborando novas noções de Direitos Humanos, como direitos econômicos, sociais e culturais, os quais acentuam o princípio da igualdade (Direitos Humanos de Segunda Geração), os direitos ao meio ambiente equilibrado, a uma vida saudável, ao progresso, à paz, à autodeterminação dos povos etc., que acentuam a dinâmica difusa da titularidade coletiva consagrando o princípio da fraternidade (Direitos Humanos de Terceira Geração) e, por fim, muitos advogam a ideia de Direitos Humanos de Quarta Geração, os quais envolveriam direitos de informação, direitos ligados ao assunto da genética, do pluralismo etc.

Etnia – Elemento da identidade que caracteriza uma coletividade humana. Pode derivar de um conjunto de fatores comuns, como traços físicos, cultura, língua, religião, passado histórico e origem territorial, normalmente ligados à ancestralidade. Tais fatores se conjugam e permitem que os membros de uma etnia se vejam como um grupo, criando uma distinção entre "nós" e "eles", ou seja, entre o grupo étnico e aqueles que não pertencem à mesma etnia.

Genocídio – "Na presente convenção, genocídio significa qualquer dos seguintes atos cometidos com o intuito de destruir, no todo ou em parte, um grupo nacional, étnico, racial ou religioso, tal como: assassinar membros de um grupo; causar grave dano à integridade física ou mental do grupo; submissão intencional do grupo a condições de existência que lhes ocasionem a destruição física total ou parcial; medidas destinadas a impedir os nascimentos no seio do grupo; transferência de menores do grupo para outro grupo". Artigo 2º da Convenção para a Prevenção do Crime de Genocídio, aprovada pela Assembleia Geral das Nações Unidas em 1948.

Intervenção Humanitária – Como resultante do desdobramento histórico da necessidade da proteção internacional dos Direitos Humanos, a partir do fim da Guerra Fria, sobretudo após a Conferência das Nações Unidas de Viena (1993), os abusos contra os Direitos Humanos impetrados por governantes no mundo contra sua população desencadearam uma discussão internacional em torno da necessidade de efetivação pela comunidade internacional da intervenção humanitária. O problema central era definir em quais circunstâncias isso poderia ocorrer. Na atualidade, parece se afirmar o consenso de que a comunidade internacional assumiria a responsabilidade de proteger indivíduos sob ameaça de Estados que violam deliberadamente as cláusulas elementares do Regime Internacional dos Direitos Humanos e/ou tornaram-se incapazes de proteger seus cidadãos do genocídio, dos crimes de guerra e da limpeza étnica, ferindo assim seus direitos elementares. A responsabilidade de proteger-se desdobraria em ações – referendadas pela comunidade internacional por meio de autorização do Conselho de Segurança das Nações Unidas – de prevenção, reação e reconstrução de países que sofram a ação destruidora de estadistas que não respeitam a noção dos Direitos Humanos, inclusive com o uso do recurso militar quando ele atender critérios como causa justa, intenção correta, último recurso, meios proporcionais, chance razoável de êxito e autoridade adequada. No entanto, a seletividade da intervenção humanitária demonstra que essas ações não são desprovidas de uma lógica de poder e de interesses políticos.

Refugiados – "Um refugiado ou uma refugiada é toda pessoa que por causa de fundados temores de perseguição devido à sua raça,

DIVERSIDADE ÉTNICA, CONFLITOS REGIONAIS E DIREITOS HUMANOS

religião, nacionalidade, associação a determinado grupo social ou opinião política, encontra-se fora de seu país de origem e, por causa dos ditos temores, não pode ou não quer regressar ao mesmo." Artigo 1º (A, 2) da Convenção Relativa ao Estatuto dos Refugiados, aprovada pela Assembleia Geral das Nações Unidas em 1951.

Sociedades multiétnicas – Uma sociedade multiétnica caracteriza-se pela concentração em um mesmo território de um número elevado de etnias convivendo e devendo respeitar a mesma constituição nacional. Requer então o estabelecimento de regras de convívio coletivo capazes de prover uma articulação social entre diferentes. Deve-se garantir sempre o reconhecimento do outro como ser humano pleno com direitos inalienáveis. Por esse motivo, sociedades multiétnicas estão quase sempre envolvidas em complexas negociações para legitimar diferenças de identidade e administrar as condições materiais ligadas a elas. Deriva daí a necessidade da consolidação de valores como solidariedade, tolerância e reforço da identidade nacional. As sociedades multiétnicas que não alcançam esse patamar ficam sujeitas à xenofobia, ao racismo, às guerras étnicas, à segregação e à discriminação baseadas, por exemplo, na língua, na religião, na condição social, o que pode resultar em altos graus de violência. Geralmente, é em reação a essa violência que ocorrem as chamadas intervenções humanitárias.

Tolerância – "A tolerância é o respeito, a aceitação e o apreço da riqueza e da diversidade das culturas de nosso mundo, de nossos modos de expressão e de nossas maneiras de exprimir nossa qualidade de seres humanos ... Não só é um dever de ordem ética; é igualmente uma necessidade política e jurídica. A tolerância é uma virtude que torna a paz possível e contribui para substituir uma cultura de guerra por uma cultura de paz ... praticar a tolerância não significa tolerar a injustiça social, nem renunciar às próprias convicções, nem fazer concessões a respeito. A prática da tolerância significa que toda pessoa tem a livre escolha de suas convicções e aceita que o outro desfrute da mesma liberdade. Significa aceitar o fato de que os seres humanos, que se caracterizam naturalmente pela diversidade de seu aspecto físico, de sua situação, de seu modo de expressar-se, de seus comportamentos e de seus valores, têm o direito de viver em paz e de ser tais como são. Significa também que ninguém deve impor suas opiniões a outrem". Artigo 1º da Declaração de Princípios sobre a Tolerância, aprovada pela Conferência Geral da Unesco em 1995.

Sugestões de leitura

ALMINO, João. Inserção internacional de segurança do Brasil: a perspectiva diplomática. In: *Brasil e o mundo*: Novas visões. Rio de Janeiro: Francisco Alves, 2002.

ALVES, José Augusto Lindgren. *Relações internacionais e temas sociais*. A década das conferências. Brasília: IBRI, 2001.

_____. Direitos Humanos: o significado político da Conferência de Viena, *Lua Nova*, n.32, 1994.

_____. 1995: os direitos humanos em "sursis", *Lua Nova*, n.35, 1995.

_____. Direitos humanos, cidadania e globalização, *Lua Nova*, n.50, 2000.

_____. *Os Bálcãs novamente esquecidos*. Sofia, 2004, *mimeo*.

AMNESTY INTERNATIONAL. *Amnesty International Report 2004*. Disponível em <http://web.amnesty.org/report2004/2af-index--eng>. Acessado em 31.5.2004.

ANDERSON, Perry. *Linhagens do Estado absolutista*. São Paulo: Brasiliense, 1985.

BASSO, Lélio. *Discorso inaugurale del presidente Lélio Basso*. In: BIMBI, Linda. *Brasile, violazione dei diritti dell'uomo*. Milano: Giangiacomo Feltrinelli, 1975.

BAUER, Otto. *La question des nationalités et la social-democratie*. Tome 1. Paris: Ed. Arcantére Editions, 1987.

BULL, Hedley. *A sociedade anárquica*. Brasília: IPRI, 2003.

BERNSTEIN, Eduard et al. *La Segunda Internacional y el problema nacional y colonial*. 2v. México: Pasado y Presente, 1978.

CARDOSO, Clodoaldo Meneguello. *Tolerância e seus limites*. São Paulo: UNESP, 2003.

CARR, H. E. *Vinte anos de crise 1919-1939*. Uma introdução ao estudo das relações internacionais. Brasília. Ed. Funag/IPRI. 2001.

CHRÉTIEN, J.-P. *Le 'désenclavement' de la région des Grands lacs dans les projets économiques allemands au début du 20ᵐᵉ siècle*. Histoire sociale de l'Afrique de l'Est (XIXᵉᵐᵉ-XXᵉᵐᵉ siècle), 1991.

CINTRA, Rodrigo. *Sobre as causas do desmembramento da Federação Iugoslava*. Dissertação de mestrado. São Paulo. FFLCH-USP. Mimeo, 2001.

DUROSELLE, Jean-Baptiste. *Todo império perecerá*. Brasília: Ed. UnB, 2000.

ECONOMIST, The. Rwanda, remembered. march 27ᵗʰ-april 2ⁿᵈ, 2004.

GOLDSTEIN, Judith e KEOHANE, Robert O. (Eds.). *Ideas and Foreign Policy. Beliefs, Institutions and Political Change*. Ithaca and London. Ed. Cornell University Press, 1993.

HABERMAS, Jürgen. *Intolerance and Discrimination*. Oxford University Press and New York University School of Law, 2003. Disponível em http://www3.oup.co.uk/ijclaw/hdb/Volume_01/Issue_01/010002.sgm.abs.html. Acessado em 27.1.2003.

HASSASSIAN, Manuel. Soberania palestina: viabilidade e segurança. In: DUPAS, Gilberto e VIGEVANI, Tullo (Orgs.). *Israel e Palestina*. A construção da paz vista de uma perspectiva global. São Paulo: Ed. Unesp, 2001.

HOBBES, Thomas. *Leviatã*. São Paulo: Abril Cultural, 1983.

HOBSBAWM, Eric J. *Nações e nacionalismos desde 1780*. Rio de Janeiro: Paz e Terra, 2002, 3.ed.

HOROWITZ, Donald L. *Structure and Strategy in Ethnic Conflicti*. Disponível em http://www.worldbank.org/html/rad/abcde/horowitz.pdf Acessado em 2.2.2004

HUMAN RIGHTS WATCH. *Leave none to tell the story — genocide in Rwanda*. 1999. Disponível em http://www.hrw.org/reports/1999/rwanda Acessado em 24.1.2004.

_____. *Q & A: Crisis in Dafur*. 2004. Disponível em http://hrw.org/english/docs/2004/05/05/darfur8536.htm Acessado em 5.05.2004.

_____. *World Report 2003. Bosnia and Herzegovina*. Disponível em http://www.hrw.org/wr2k3/europe5.html Acessado em 19.1.2004._____. World Report 2003 – Burundi. Disponível em http://www.hrw.org/wr2k3/africa2.html Acessado em 19.1.2004.

_____. *World Report 2003 – Croatia*. Disponível em http://www.hrw.org/wr2k3/europe6.html Acessado em 19.1.2004.

_____. *World Report 2003 – Kosovo*. Disponível em http://www.hrw.org/wr2k3/europe17.html Acessado em 19.1.2004.

_____. *World Report 2003 – Rwanda*. Disponível em http://www.hrw.org/wr2k3/africa9.html Acessado em 19.01.2004

_____. Bosnia and Hecergovina. The Unindicted: Reaping the Rewards of "Ethnic Cleansing". *Human Rights Watch Report*, v.9, n.1, Jan. 1997. Disponível em <<http://www.hrw.org/reports/1997/bosnia/Bosnia.htm#P75_2298>>. Acessado em 5.5.2004. _____. *World Report 2003. Bosnia and Herzegovina*. Disponível em http://www.hrw.org/wr2k3/europe5.html Acessado em 19.1.2004.

KALDOR, Mary. *New and Old Wars — Organized Violence in a Global Era*. Stanford: Ed. Stanford University Press, 2001.

KANT, Immanuel. *A paz perpétua e outros escritos políticos*. Brasília: Ed. Funag/IPRI, 2002.

KEOHANE Robert O. e NYE JR, Joseph. *Power and Interdependence*. Glenview: Ed. Scott, Foresman and Company, 1989.

LAFER, Celso. *A recontrução dos direitos humanos — um diálogo com o pensamento de Hannah Arendt*. São Paulo: Companhia das Letras, 1991.

LACEY, Marc. Guerra étnica entre árabes e negros devasta Sudão. *The New York Times*, 4ᵗʰ May 2004. Disponível em

<http://noticias.uol.com.br/midiaglobal/nytimes/ult574u3968.jhtm>. Acessado em 4.5.2004.

LANNES, Ulisses Lisboa Perazzo. O Brasil e as operações de manutenção de paz. In: DUPAS, Gilberto e VIGEVANI, Tullo (Orgs.). *O Brasil e as novas dimensões da segurança internacional*. São Paulo: Alfa-Ômega, 1999.

LEMA, A. *Africa divided. The creation of "ethnic groups"*. Lund: Lund University Press, 1993.

LEMARCHAND, R. *Rwanda and Burundi*. London: Pall Mall Press, 1970.

LINDEN, I. *The Churches and Genocide: Lessons from Rwanda*. Svensk Missionstidskrift, 1995.

LOCKE, John. *Segundo tratado sobre o governo civil*. São Paulo: Abril Cultural, 1983.

LUXEMBOURG, Rosa. *La cuestión nacional y la autonomia*. México: Ed. Pasado y Presente/Siglo XXI, 1979.

MARSHALL, Monty G. e GURR, Ted Robert. *Peace and Conflict 2003 – A Global Survey of Armed Conflicts, Self-Determination Movements, and Democracy*. Center for International Development and Conflict Management: University of Maryland. Disponível em www.cidcm.umd.edu Acessado em 25.3.2004.

MARX, Karl. *Sobre el colonialismo*. México: Ed. Pasado y Presente/ Siglo XXI, 1979.

MEINECKE, Friedrich. *Cosmopolitismo e stato nazionale*. Firenze: Ed. Lua Nova Italia Editrice, 1975.

MELLO, Leonel Itaussu Almeida. John Locke e o individualismo liberal. In: *Os clássicos da política*. v.1, São Paulo: Ática, 2002.

MOORE, Will. *Ethnic minorities and foreign policy*. Flórida University, 2003. Disponível em http://www.fsu.edu/~polisci/wksp_papers/workingpapers/p_20022wmoore.pdf Acessado em 2.2.2004.

NARDIN, Terry. *Lei, moralidade e as relações entre os Estados*. Rio de Janeiro: Forense-Universitária, 1987.

NYE, Joseph. *O paradoxo do poder americano* – por que a única superpotência do mundo não pode prosseguir sozinha. São Paulo: Ed. Unesp, 2002.

NEWBURY, C. *The Cohesion of Oppression.Clientship and Ethnicity in Rwanda 1860-1960*. New York: Columbia University Press, 1988.

OHCHR (Office of the High Comissioner for Human Rights). *International Convention on the Elimination of All Forms of Racial Discrimination*, 1965. Disponível em http://www. unhchr.ch/html/menu3/b/d_icerd.htm Acessado em 20.3.2004.

TULLO VIGEVANI • MARCELO FERNANDES DE OLIVEIRA • THIAGO LIMA

_____. *International Covenant on Civil and Political Rights*, 1966. Disponível em http://www.unhchr.ch/html/menu3/b/a_ccpr.htm Acessado em 20.4.2004.

ONU. *Press Release – SC/8138*. ONU, Conselho de Segurança, 2004. Disponível em http://www.un.org/News/Press/docs/2004/sc8138.doc.htm Acessado em 21.5.2004.

PESIC, Vesna. *Serbian Nationalism and the Origins of the Yugoslav Crisis*, U.S. Institute for Peace, 1996. Disponível em http://www.usip.org/pubs/specialreports/early/pesic/pesic.html#exp Acessado em 14.1.2004.

PRUNIER, Gehard. *The Rwandese Crisis (1959-1994)*. London: Hurst, 1995.

RAWLS, John. *A Theory of Justice*. Cambridge: Harvard University Press, 1971.

REYNTJENS, F. *Pouvoir et droit au Rwanda*. Tervuren: Musée Royale de l'Afrique Centrale, 1985.

RODRIGUES, Simone Martins. *Segurança internacional e direitos humanos*: a prática da intervenção humanitária no pós-Guerra Fria. Rio de Janeiro: Renovar, 2000.

ROUSSEAU, Jean Jacques. *Do contrato social*. São Paulo: Abril Cultural, 1983.

SAINT-PIERRE, Héctor Luis. A necessidade política e a conveniência estratégica de definir "terrorismo". In: Terrorismo e Guerra. *Ideias*, ano 10 n.2, *Revista do Instituto de Filosofia e Ciências Humanas*, 2003.

SAUCIER, J.-F. *The Patron-Client Relationship in Traditional and Contemporary Southern Rwanda*. UMI Dissertation Services, 1974.

SELLSTROM, Tor e WOHLGEMUTH, Lennart. The International Response to Conflict and Genocide: Lessons from the Rwanda Experience. *Journal of Humanitarian Assistance*, 1996. Disponível em http://www.reliefweb.int/library/nordic/book1/pb020.html Acessado em 6.1.2004.

SCHMITTER, Philipp C. e TRECHSEL, Alexander H. *Green Paper on the Future of Democracy in Europe for the Council of Europe*. Draft, Mimeo. A working group of high level experts. Council of Europe: Firenze, 2004.

SOWARDS, Sten W. *The Yugoslav Civil War*. Michigan State University, 1995. Disponível em http://www.lib.msu.edu/sowards/balkan/lect25.htm Acessado em 10.1.2004.

SZAYNA, Thomas S. *Identifying Potential Ethnic Conflict: Application of a Process Model*. 2000. Disponível em http://www.rand.org/publications/MR/MR1188/ Acessado em 11.2.2004.

TOCQUEVILLE, Aléxis. *A democracia na América*. São Paulo: EDUSP, 1977.

TRINDADE, Antonio A. Cançado. *Tratado de direito internacional dos direitos humanos*. Porto Alegre: Sérgio Antonio Fabris, 2.ed., 2003.

TROFIMOV, Yaroslav. Ruanda inibe a imprensa enquanto tenta curar suas feridas étnicas. *O Estado de S. Paulo*, São Paulo, 3.5.2004.

UNGA (United Nations General Assembly). *Convention on the Prevention and Punishment of Genocide*, 1948. Disponível em http://www.genocidewatch.org/whatisgenocide.htm Acessado em 22.3.2004.

UNPROFOR. *Former Yugoslavia*. ONU, 1996. Disponível em: http://www.un.org/Depts/dpko/dpko/co_mission/unprof_b.htm

UNESCO. *Declaração de princípios sobre a tolerância*. Aprovada pela Conferência Geral da Unesco em sua 28ª reunião de Paris, 16.11.1995. Apud CARDOSO, Clodoaldo Meneguello. *Tolerância e seus limites*. São Paulo: Ed. UNESP, 2003.

VIGEVANI, Tullo. *Terceiro Mundo* – Conceito e história. São Paulo: Ática, 1994.

_____. *Questão nacional e política exterior*. Um estudo de caso: formulação da política internacional do Brasil e motivações da Força Expedicionária Brasileira. Tese de doutorado, 1989.

_____. Ciclos longos e cenários contemporâneos da sociedade internacional, *Lua Nova*, n.46, 1999.

WEISSMAN, Stephen R. *Preventing Genocide in Burundi: Lessons from International Diplomacy*. U.S. Institute for Peace, 1998. Disponível em http://www.usip.org/pubs/peaceworks/weissm22/chap1_22.html Acessado em 12.1.2004.

Questões para reflexão e debate

1. O Estado, na contemporaneidade, parece deixar de ser o ente coletivo detentor absoluto da soberania nacional, no qual se exerce um conjunto formado por território, povo e soberania, em relação ao qual nenhum ator externo pode interferir em seus assuntos internos. Ele passou a ter como um propósito importante perante a comunidade internacional a garantia de condições básicas para a vida humana, assim como para a expansão de seus direitos. Qual sua opinião sobre essa problemática da relação entre afirmação da soberania nacional e a proteção internacional dos Direitos Humanos?

2. Atualmente, há numerosos indivíduos, instituições e países no planeta que defendem valores como tolerância, diversidade, convivência multiétnica etc. Entretanto, o cidadão comum pouco observa ações concretas para viabilizar no seu cotidiano esses valores. Pelo contrário, a violência contra o ser humano parece ampliar-se dia a dia. Vislumbrando esses conceitos, na perspectiva da realidade brasileira, quais seriam sugestões prováveis para cultivar valores pró-direitos humanos no país?

3. Como discenir nas ações dos Estados a prevalência dos objetivos efetivamente humanitários das decisões que correspondem a seus interesses na política internacional e a seus objetivos de poder? Como explicar que em alguns conflitos étnicos com graves danos aos direitos alguns Estados se mobilizam rapidamente, ao passo que em outros conflitos isso não ocorre?

4. Considerando um Estado-tipo ideal, de acordo com a perspectiva dos Direitos Humanos construída pela ONU, a intervenção humanitária pode restaurar em um Estado conflagrado por conflitos étnicos as condições e os valores capazes de sustentar uma estabilidade que contemple todas as etnias?

DIVERSIDADE ÉTNICA, CONFLITOS REGIONAIS E DIREITOS HUMANOS

5. Como compreender a relação entre direitos humanos e soberania nacional, tendo em conta que muitos conflitos étnicos se referem
a disputas que abrangem populações para as quais as fronteiras dos
Estados têm pouco significado ou não são as decisivas? Isto é, os
conflitos étnicos interessam populações que vivem em diferentes
Estados, para as quais as fronteiras não são as reconhecidas formalmente pela comunidade internacional.

SOBRE O LIVRO

Formato: 12 x 21 cm
Mancha: 21,3 x 39 paicas
Tipologia: Fairfield LH Light 10,7/13,9
Papel: Offset 75 g/m² (miolo)
Cartão Supremo 250 g/m² (capa)

1ª edição: 2008

EQUIPE DE REALIZAÇÃO

Edição de Texto
Regina Machado e Antonio Alves (Preparação de Texto)
Isabel Baeta e Juliana Queiroz (Revisão)
Kalima Editores (Atualização ortográfica)

Editoração Eletrônica
Eduardo Seiji Seki (Diagramação)

Impressão e acabamento